행복한 인생

2막 지침서

행복한 인생

2막 지침서

이재희 지음

목차

| 제 1 장 |

인생 제2막을 시작한 늦깎이 아나운서

01

인터넷 방송국 아나운서 되다

"간절히 원하는 꿈은 우주가 힘을 합하여 도와준다."

– 파울로 코엘료의 말이다.

꿈이나 가치를 실현하기 위해 부단히 노력하면, 반드시 이루어진다

우리가 간절히 바라고 노력하는 것은 기어코 이룰 수 있다. 그것이 사회적으로 가치 있는 일이라면 반드시 실현된다. 필자는 어린 시절 세상을 향한 막연한 꿈이 있었다. 성장과정과 함께 달라진 꿈을 품게 된 동기가 있었다. 최초의 꿈은 백의의 천사 간호사가 되어 아픈 사람들을 도와주는 사람이 되고 싶었다. 그러나 그 꿈은 얼마 못가서 접고 말았다. 중학교에서 체육대회 시간에 구급약상자를 담당하게 되었는데, 경기 중 넘어진 학생의 상처 난 환부에 약을 바르는 일이 몹시 마음이 아팠다.

아파하는 학생보다 더 심각한 표정으로 어찌 약을 바른단 말인가. 아무리 가치 있는 일이라도 적성에 맞지 않는다면 그 꿈을 펼칠 수 없다는 것을 체험한 것이다.

두 번째로 이루고 싶은 목표는 노래하는 사람이었다. 기회만 주어진다면 국내 뿐만아니라 해외에까지 다니면서 힘들고 어려운 사람들을 위로하고 소망을 주는 노래하는 천사로 살 수 있다면 가장 보람있고 행복하겠다는 마음을 가졌다. 물론 이 분야의 비전을 보게 되는 계기도 직접 경험을 통한 에피소드가 있다.

초등학교 당시 어버이날 행사에 대표로 '어머님은혜'라는 노래를 불렀던 일이 오랫동안 뿌듯한 마음을 지닐 수 있었다. 어린시절 노래하는 천사의 꿈은 상급학교로 가면서 탁월한 재능이 많은 사람들이 많다는 사실을 확인 하면서 점점 의욕이 낮아졌다. 그러나 우리의 잠재의식은 내적인 열망과 소원을 향하여 이룰 수 있는 길로 이끌어 간다.

좋은 것을 생각하고 좋은 일이 일어나리라고 기대하는 마음에는 좋은 것을 끌어당기는 자석처럼 어떤 파동이 작용한다. 필자가 살던 안집 여주인은 필자의 생활 태도를 보며 종종 "텔레비전에 나오는 사람 하면 좋겠다"며 특별하고도 막연한 꿈을 심어줬다. 필자의 어머니는 지금처럼 좋은 정보들을 쉽게 접할 수 있었으면 텔레비전에 나오는 사람으로 이끌어줬을 것이라며 아쉬움을 달래신다. 꿈 많은 10대의 좌충우돌 시기를 제한적인 환경과 테두리를 벗어나지 못하고 정체되는 듯하였다.

좋은 것을 기대하는 마음으로 있으면 잠재의식은 결국 좋은 기회만을 잡도록 당신을 이끌어줄 것이다.

이 책을 보고 있는 당신도 경험하고 있을 것이다. 좋은 것을 생각하여 좋은 결과를 얻었던 일이 반드시 있을 것이다. 반대로 늘 불안해하며 부정적인 결과를 얻게 되는 생각을 많이 해왔다면 긍정적인 결과를 경험하지 못했을 것이다.

필자는 화려한 스펙은 없지만, 늘 주어진 시간을 소중히 여겼던 생활 습관을 지녔다. 20대 황금 같은 시기에 결혼하여 가족을 향해 올인 했던 시기에는 어릴적 꿈은 아주 멀리 달아난 듯했다. 꿈을 향한 열망과 부푼 기대는 육아시기를 제외하고는 끊임없이 무엇인가를 배우고 경험하는 적극적인 행동파의 이미지를 지녔다. 독서를 통해 저자들의 생활 철학과 삶의 처세술을 터득하였다. 수많은 필자의 삶의 지혜와 노하우는 값을 지불하지 않고 얻은 무형의 가치이다.

공인중개사가 되어 아나운서의 길로 걷게 되다

필자가 아나운서가 될 수 있었던 것은 공인중개사의 신분으로 시작되었다. 신학 공부를 하여 초빙하는 교회가 있을 때마다 2~3년씩 사역하다 보니 8년 가까이 부교역자 생활을 했다. 그 후 건강상의 이유로 전도사 사역을 내려놓게 되면서 1~2년의 공백기를 어떻게 하면 가치 있는 시간을 보낼 수 있을까 방법을 찾던 중 지인으로부터 부동산 전문가인 공인중개사 정보를 접하였다.

노후대책의 일환으로 공인중개사 자격증 취득 계획을 세웠다. 1차, 민법, 부동산학개론, 2차, 공인중개사법, 공시법 및 세법, 공법 다섯 과목 모두 전문적인 내용으로 단단히 각오해야 했다. 날마다 학원 수강하는 일정이 마치 고시생 버금간다. 학원 독서실이 집중이 안 되면 독서실에 가서 집중해서 공부하곤 하였다. 40이 넘어 암기가 잘될 리 없지만, 물러설 수 없는 선택이었다.

부동산 학원에서는 과목 최다 득점으로 상도 받고, 테스트할 때마다 성적이 좋아서 당연히 합격할 거라는 예상을 했으나 만만치 않았다. 아까운 점수로 재도전의 맷집을 키웠다. 이듬해에 넉넉한 점수로 합격했다.

시간을 무의미하게 보내지 않았다면 반드시 그에 대한 보상은 따르기
마련이다

미래를 대비한다는 차원에서 가볍게 시작한 공인중개사 공부
였기에 첫 회에 합격했다면 장롱면허로 빛을 볼 수 없었을 것이
다. 큰 관점에서 보면 1~2년이 긴 시간은 아니다. 어떻게 보냈
느냐가 중요할 뿐이다. 교양을 쌓듯 부동산 전문 지식을 배우면
서 성인은 필수적으로 부동산 관련 지식을 터득해야 한다는 생각
이 들었다. 경제생활에 가장 큰 영향을 미치는 분야가 부동산이
니 말이다.

필자는 40대가 되어서야 웬만한 음식을 가리지 않게 되었다.
이처럼 인생의 길을 입맛처럼 살았다. 하고 싶은 일만 선택하여
시도하다가 아니다 싶으면 돌아서는 태도로 40중반까지 지내왔다.

이미지 관리의 기본은 마음 관리다

사람이 나이가 들면 자기 얼굴에 책임을 져야 한다는 말이 있
다. 타고난 얼굴은 나이 40세까지 그대로 유지되고, 40이 넘으면
자신이 살아온 모습대로 새롭게 만들어진다고 한다. 평소에 그
사람의 습관과 어떤 표정을 많이 지었는지에 따라 이미지가 결정
된다. 우리는 이미지 관리를 잘해야 하는데, 자신의 마음 상태를

긍정적으로 다스려야 한다. 자기 얼굴에 책임지는 기본 수칙은 마음 관리가 중요 포인트다.

다른 사람을 볼 때 긍정적인 면을 찾는 것이 훨씬 관계를 좋게 해준다

필자가 아나운서가 될 수 있었던 것은 바로 이미지와 인맥 관리가 가장 큰 요인이다. 서울에서 부동산 사무실을 운영하던 중 공인중개사들의 상호 교류 목적 두고 형성된 큰 단체에 소속하면서 시작되었다. 인연은 수없이 많은 만남을 통해 가치를 발견한다.

공인중개사의 권익 보호와 위상 제고를 외치는 공인중개사의 연합체가 탄생하게 되었다. 필자는 성향대로 적극적인 활동을 전개하였다. 부동산 시장에서 겪는 대 내·외적인 문제를 해결하기 위해 형성된 단체다 보니 회의도 많았다. 부동산업에 종사하는 개업 공인중개사들의 내·외부적인 문제해결을 위한 대책회의였다. 회의석상에서 팟 케스트 이야기가 나오면서 관심을 두게 되었다. 아나운서의 적격자라는 말과 함께 테스트 단계이니 방송을 해보자는 권유를 호기심으로 수락하였다.

처음에는 방송의 기틀을 마련한다는 차원에서 방송에 관심있는 몇 사람을 피드백을 들으면서 방송을 진행하였다. 마이크와는 전직에서 친숙해진 상태라 부담감은 덜했다. 아프리카tv 생방송을 하다 보니 외모에도 적잖은 관심이 쓰였다. 방송진행을 위한 콘티작성도 직접해야 했다. 피부샵에서 피부관리, 의상과 헤어샵에서 헤어스타일을 살펴야 하는 등 보여지는 부분에 혼자만 격는 행복한 고민을 하게 되었다.

생방송으로 한 시간씩 진행하다보니 자연스럽게 진행하는 노하우도 생겨났다. 더 젊고 탁월한 사람으로 셋팅 할 때까지만 위치를 지키려 했던 의도와는 달리 어느새 아나운서의 자세와 이미지를 만들어 가는 자신을 발견하면서 방송 횟수가 늘어날 때마다 도전해보고 싶은 욕구가 일어났다. 시험보고 오프라인 방송국에 입사하는 아나운서와는 다른 출발이지만, 어디 아나운서 자리가 흔하겠는가?

필자는 점점 자신의 자리를 지키기 위해 공부하며 맡은 역할에 책임을 다하였다. 책과 유튜브를 통한 새로운 정보에 감사하며 남몰래 공부하는 나날을 지내왔다. 텔레비전을 시청할때도 아무생각 없이 시청했던 습관은 사라지고 화자의 말하는 태도, 이미지, 발음 등 도움이 될 만한 모든 것은 롤 모델로 삼았다. 기회의 여신의 뒷머리는 대머리라고 한다. 기회가 왔을 때 풍성한 머리를 잡을 수 있지만 스쳐 지나버리면 뒷머리는 대머리라서 붙잡을 수가 없다는 재미있는 이야기가 생각난다. 자신의 기회는 열린 마음을 가진 자에게 다가온다는 걸 실감하는 순간이었다.

콜럼버스가 신대륙을 발견한 심정이랄까? 필자는 두려움 없이 인터넷 방송에 깊은 관심을 갖게 되었다. 아프리카TV 아나운서로 활동하게 되면서 좀 더 체계적인 방송을 위해 뜻 있는 공인중개사들과 인터넷방송국 법인을 설립하였다. 설립당시 다섯 명으로 설립은 했으나, 부동산 사무실을 운영하는 가운데 방송하는 일로 많은 시간을 할애할 수 없는 애로사항을 경험하면서 설립이사의 자리를 내려놓게 되면서 현재는 등재이사는 필자를 포함한 셋 뿐이다. 공인중개사들의 권유로 시작된 방송일이 어릴적 막연했던 꿈이 실현되는 듯한 부픈 기대 속에서 점점 방송인의 비전은 커져만 간다.

당시 부동산 사무실을 운영하던 필자는 결국 방송 일에 집중하면서 사무실을 정리하였다. 두 가지 선택의 길 위에 있을 때 자신의 가치 기준에 따라 결정한다. 필자는 수입창출의 터전인 공인중개사 사무소를 정리 할 만큼, 비록 인터넷 방송이지만 소홀히 할 수 없다고 판단하여 결국 방송일을 선택했다. 부동산 사무실은 언제든 다시 할 수 있지만, 방송국 아나운서로 회사의 설립이사로 세워지는 일은 늘 기회가 있는 것이 아니라는 판단에서였다.

무엇보다 앞으로 점점 새로운 일을 망설이게 하는 나이가 되어
간다는 것이 가장 큰 이유였다. 소중한 시간이 너무 쉽게 지나가
버리는 안타까움을 피부로 느끼면서, 가슴이 뛰는 일을 할 기회
가 왔을 때 아낌없이 에너지를 쏟아 붓고 싶은 마음이 있었기에
망설임 없이 부동산 사무실을 정리할 수 있었다. 무모한 도전이
고 평범하지 않은 선택이었기에 지금도 스스로의 선택을 혼자만
의 자기암시를 한다. "잘했어 해보는 거야! 잘할 수 있지?" 이 책
을 쓰는 순간에도 가슴은 설렌다.

팔방미인 피디 되다

> "인간은 자기의 운명을 창조하는 것이지
> 받아들이는 것이 아니다."
>
> — 비르만의 말이다.

자신의 재능과 소질에 한계를 두지 말자

인간은 저마다 다른 소질과 재능을 가지고 태어난다. 더구나 타고난 재능과 소질에는 한계가 없으므로 그것을 최대한 이끌어 낼 수 있어야 한다. 타고난 재능과 소질이 있다고 어려움이 없는 것은 아니다. 예상치 못한 사건이나 위기는 언제나 우리를 유한한 존재임을 깨닫게 한다. 설령 수익과 연결되지 않는다고 해도 천직은 포기하지 말아야 한다. 언젠가 뜻밖의 기회가 굴러들어오기 때문이다.

필자는 새로운 일을 두려워하지 않는 성향이다. 그러다 보니 방송을 하기 전까지 일을 하면서도 늘 다른 일에 호기심의 촉각은 세워져 있다. 종교 생활 포함하여 25년 사회생활을 하면서 다양한 분야에서 여러 직업을 경험하였다. 직업이 바뀔 때마다 사회 경험이 부족한 자신의 상황을 위로하며, 좀 더 경험을 쌓으면 더 잘 할 수 있으리라는 생각으로 끊임없는 도전을 거듭하였다.

사회생활에서 진득하게 버텨낼 전문적인 지식이나 특별한 기술이 없었기에 어떤 일이 적성에 맞고 즐겁게 일할 수 있는 일인지 발견하고 싶어 했다. 고진감래苦盡甘來의 심정으로 공인중개사가 되어 이젠 직업의 방황은 끝이라 생각했다. 그러나 열려 있는 마음에 기회는 늘 존재한다. 인터넷방송국의 아나운서와 피디로 일을 하게 된 일이 대표적인 사례다.

전문방송인의 길에 있는 사람들의 수고와 애환을 조금씩 경험하면서 업무의 특성을 체득하게 되었다. 자의든 타의든 선택한 일에 최선을 다하는 일은 꼭 필요한 기본적인 자세이다. 주어진 여건을 피할 수 없으면 즐기라는 말이 있듯이 즐거운 마음으로 업무에 임한다.

사람이 환경을 만들고, 환경이 사람을 만든다

지나온 세월을 돌이켜보면 어느 한 순간도 의미 없는 일이 없었다. 매순간이 가치 있고 현재의 나로 세워지는데 영향을 끼친 일이었음을 알 수 있다. 일상이 모아져서 나의 이력이 되고 이력은 값진 경험으로 다시 돈으로도 살 수 없는 소중한 자산이 된다.

인터넷 방송국의 아나운서와 피디의 업무를 겸하게 되었다. 아니 신생기업의 전반적인 사무실 행정관리 업무와 직원 관리와 외부에 있는 방송 관계자들을 컨택하고 미팅하는 업무도 해야 했다. 자연스레 만능 엔터테이너의 이미지를 얻게 된 것이다.

방송 스케줄 조정, 시나리오 작성, 인터뷰 콘티 작성, 현장 인터뷰 진행, 각 분야별 전문가를 찾아 방송 출연섭외 활동, 기관 및 단체와 업무 협약식 추진, 워크숍 기획 및 진행, 1주년 기념 카렌다 기획, 스튜디오 청소, 개국행사 기획, 송년회 기획, 진행, 자금 관리, 방송을 위한 파워포인트 작성, 사진촬영을 직접 진행했다. 방송 전 메이크업과 헤어관리, 방송장비 점검, 현장 등 직원이 없을 때는 전 영역을 담당했다.

준비된 자는 어디서든 살아남는다

필자는 방송국을 설립하기 전에 해온 일들이 방송인으로써 해야 할 업무와 상당부분 부합되는 일들이 많다. 이미 교회에서 수년간 전도사로 사역할 때 엑셀과 한글과 파워포인트는 업무 특성상 웬만한 일은 스스로 다룰 수 있어야 했다. 교육하는 일이 기본적인 업무였으니 마이크와는 오래전부터 친해져 있었던 것이다. 필자의 사역 현장은 광범위하여 모든 연령층을 대상으로 지도해본 경험이 가장 큰 영향을 받았다.

자신의 인생의 디자이너가 되어야 한다

재능은 규모나 영역을 떠나 각자의 자세가 가장 중요하다. 맡겨진 일의 가치가 크고 작음에 있지 않고, 어떠한 자세로 어떤 영향력을 끼치느냐에 있다. 필자는 한번 해야겠다고 판단한 일은 무서울 정도로 강하게 밀어붙이는 강인한 에너지가 넘친다. 성패 여부를 떠나 도전하는 용기는 가히 따라올 자가 없다.

당신은 어떤 선택으로 열정을 쏟고 있는가? 실패가 두려워 도전을 포기하는가? 당신 안에 있는 에너지를 더 이상 잠재우지 않기를 바란다. 기술과 재능은 쓸수록 쌓이게 된다. 재능은 자신과 이웃을 위해 아름답게 쓰임 받도록 부여받은 선물이다. 지금까지 활용할 기회가 없었다면 만들어라, 100세 시대의 인생 2막을 위해 어떻게 살아갈지 당신의 손으로 멋진 인생을 디자인하라.

인맥형성은 소통이 답이다

"인생에서 가장 큰 즐거움은
남들이 불가능하다고 말하는 것을 해내는 것이다."

– 배럿 윌터의 말이다.

소통, 공감, 배려의 마음으로 인맥을 넓혀 나간다

아나운서로 활동하면서 필자를 만나본 사람 중에 아나운서 평균 연령보다 필자의 나이가 많은 것에 놀라곤 한다. 그러나 나이에 대한 편견을 가지고 바라보는 사람은 없다. 오히려 이미 오래전부터 아나운서로 활동해온 경력자로 알았다며 긍정적인 평가를 하는 사람들이 대부분이다. 열린 마음을 가진 사람들이 그렇지 않은 사람보다 훨씬 많은 까닭이다.

SNS는 소통의 장이며 섭외 대상 발굴의 장이다

필자는 아나운서로 일하면서 SNS*를 활발하게 한다. 온라인상에서 소통을 자연스럽게 받아들이게 되었고, 덕분에 많은 분들과 소통할 수 있게 되어 든든한 지지층들을 확보하고 있다. 온라인상에서 인맥을 형성하는 일은 시대적인 문화가 되었다. 특히 페이스북에서 맺은 페친 중에서 사회적 시회적 활동이 건강하고 활발한 전문가를 방송 출연자로 섭외 미팅하고, 인터뷰를 진행했다. 덕분에 많은 시간과 비용을 들이지 많고, 방송 콘텐츠를 채워갈 수 있다.

그들 중에서 필요에 따라 상호 기업과의 업무 협약식을 진행한다. 업무 협약식을 추진하면서 가장 기억에 남는 애피소드가 있다. 서일 대학교 H교수로부터 소개받은 지방에 있는 모 대학의 S교수와 학과의 특성으로 업무협약을 추진하게 되었다. 장거리이다 보니 직접 만나기 전에 통화와 이메일을 통해 쌍방 의견을 조율하고 협의서 내용을 토대로 협약서를 작성하였다. 협약서에 들어갈 양 기관 상호와 직인을 컴퓨터로 삽입하여 출력하면 협약식 당일은 협약서에 대표자의 서명을 하는 간단한 행사를 한다. 약속한 장소에 도착하여 보니 협약서에 중요부분에 수정 할 일이 발생하였다. 하는 수 없이 이메일로 저장되어 있는 파일을 근처에 있는 문구점에서 출력하여 무난하게 행사는 치를 수 있었다. 협약식을 치르는 현장 측 관계자가 프랭카드를 준비하지만 때로

업무 협약식

는 직접 주문한 것으로 가지고 가서 행사를 치르기도 한다.

무명가수들이 출연하여 라이브로 방송하는 '김낙현의 연예인 토크쇼' 진행자인 김낙현 피디와 업무 협약식을 하기도 했다. 김낙현의 연예인 토크쇼 곳에서 출연제의가 있어 망설이다 특별한 체험의 기회를 놓치고 싶지 않아서 받아들였다. 직접 생방송에 출연하여 가수 두명과 함께 방송에 출연하여 노래를 부르기도 하였다.

늘 주도적인 진행자의 자리에 있다가 타 방송에 출연자의 자리에서 방송하는 일은 더 흥미롭고 즐거웠다.

새로운 인재발굴을 위한 미팅은 설레며 긴장되는 일이다. 어떤 재능 있는 사람일까? 사업적 가치관 어떤 소유자일까? 기대를 품고 미팅 장소로 향한다. 주로 방송사 대표와 동행하는데 밝고 친근한 이미지로 마치 오래 전부터 알고 있었던 지인 인 듯 화기애애한 분위기를 연출한다. 미팅의 취지와 목적을 얻게 되는 섭외력은 부드러운 카리스마에서 얻게 된다.

방송 전에는 더욱 부드럽고 편안한 분위기로 소통해야 한다

출연자들 대부분 오프라인 강의 경력이 많은 전문가임에도 일단 방송은 매번 긴장된다고 한다. 스튜디오에 출연자가 방문하면 따뜻한 차로 긴장을 풀고 편안하게 방송할 수 있는 분위기를 조성 하는데 조력한다. 그래야만 진행하면서 막힘이 없다. 방송 콘티와 필요에 따라 방송 컨셉에 맞게 사정에 작성한 파워포인트 자료를 준다. 스텝들의 방송 준비를 위한 사전 준비가 완료되었기에 스튜디오로 들어가기 전 최종 점검을 한다. 그런 과정에 촬영 스텝들은 방송 장비 체크에 집중한다.

방송에 따라 촬영 1시간 전에 리허설로 퀄리티 높은 방송을 위해 최선을 다한다. 또 하나 빠질 수 없는 부분은 비쥬얼이다. 아무리 편집의 기능이 좋아도 촬영 원본이 품질이 좋으려면 출연자의 표정과 피부톤까지 꼼꼼히 점검하고 헤어스타일을 체크해야 한다. 필자는 헤어샵에서 머리손질을 주로 하는데 원하는 스타일이 연출되기 어려운 부분이다. 출연자 중에 대부분이 남성분들이라 필요에 따라 필자의 손길로 좀 더 밝고 좋은 이미지를 업 시킨다. 이러한 모든 과정들은 방송의 화질을 높이는데 영향을 주는 소통의 현장이다.

방송하면서 소통이 안 되면 고스란히 영상품질에 영향을 준다

소통이 잘 이루어진 분위기에서 방송할 때 편안하고 자연스럽게 촬영할 수 있다. 방송하면서 불편한 감정이 들면 고스란히 방송에 영향을 준다. 최대한 스트레스를 없애고, 예민한 감정의 기복이 없도록 평정심을 유지해야 한다. 방송 전날부터 컨디션 조절해야 한다. 그렇지 않으면 촬영 시간도 길어지고, 더욱 긴장된다. 편안하게 방송에 몰입하도록 모든 내외적 준비에 힘써야 한다. 혹여나 감기에 들지 않도록 컨디션도 잘 유지해야 한다. 컨디션이 좋은데다 방송준비도 잘 되었고, 출연하는 게스트와 친밀하다면 그날 방송은 좋은 작품이 탄생할 수 있다.

스텝과의 소통이 잘 되어야 호흡이 잘 맞는다

방송할 때 스텝과의 호흡은 무엇보다 중요하다. 중요한 역할을 담당하는 스텝과는 평소에 불편함이 없어야 한다. 스텝의 협력이 없으면 고품질 영상이 완성될 수 없다. 방송 영상 하나가 탄생하기 위해 제반 여건과 상황은 종합 예술제를 방불케 한다. 진정한 소통의 현장이어야 멋진 작품이 탄생된다.

* 아나운서의 이해 : 한국에서는 초창기부터 방송국이 아나운서를 공개 모집하여 자체 내에서 훈련시켜 직원으로 채용한 것이 일관된 전통이다. DJ나 리포터가 등장하면서 퇴직한 아나운서가 계약에 의해 방송에 출연하는 경우도 있다. 아나운서는 특히 올바른 표준말을 사용, 고지사항을 전달하여야 할 사회적 책임을 지고 있다.

* 아나운서의 역할 : 일반적인 아나운서는 라디오·텔레비전방송국에 속하여 뉴스 등을 고지 및 전달하는 것을 주 임무로 하는 사람으로 방송국명의 고지, 방송순서의 소개, 뉴스 방송, 스포츠나 식전의 실황중계, 대담의 사회, 낭독. 기획구성을 직접 담당하는 프로듀서, 보도기자의 현장보도를 취급하는 텔레비전의 뉴스에서 중심이 되는 주(主)사회자를 앵커맨(anchor man)이라고 한다.

* **SNS**란? Social Network Service의 줄임말로 소셜 네트워크 서비스를 말하고 웹상에서 친구, 선후배, 동료 등 지인과의 인맥 관계를 강화시키고 새로운 인맥을 쌓으며 폭 넓은 인적 네트워크를 형성하는 특정한 관심이나 활동을 공유하는 사람들 사이의 관계망을 구축해 주는 온라인 서비스

방송은 콘텐츠가 답이다

"나에게 충분히 긴 지렛대를 준다면, 나는 세상을
움직일 수 있을 것이다."

- 아르키메데스의 말이다.

봄이 오면 길가에 피는 클로버 풀을 볼 수 있다. 클로버의 의미가 작은 잎이 4개 달린 것은 희망·신앙·애정·행복을 나타낸다. 필자는 얼마 전에 공원 산책 중에 클로버를 보다가 네잎 클로버를 발견했다. 유럽에서는 이것을 찾은 사람에게 행운이 깃들인다는 전설이 있다. '좋은 일이 많아 지리라'는 메시지를 얻은 기분이 들었다. 삶 속에서 희망, 애정, 사랑이 가득하길 기대한다.

누구나 콘텐츠의 기반을 보유하고 있다

필자는 RBCTV의 아나운서로서 일반적인 콘텐츠를 넘어 문화콘텐츠 (문화적 요소를 지닌 내용물이 미디어에 담긴 것을 통칭)를 창조하는 일에 적극적이다. 방송에 대한 정보나 지식을 흥미롭게 접근할 수 있는 것은 이미 잘 조성된 롤 모델들이 있기 때문이다. 조금만 부지런하게 움직이면 빠른 시간에 원하는 정보를 얻을 수 있다. 방송을 위해 관련된 정보들을 찾아다니는 일들은 즐거운 일이다. 그 중에서도 가장 가슴 뛰는 일은 새로운 사람을 만나는 일이다. 사람마다 지니고 있는 가치와 능력이 다르기 때문에 지속적으로 긍정적인 에너지를 찾는 일이 중요하다.

초창기에는 주로 부동산 전문가를 많이 접할 수 있었다. 부동산 업계에 수 년간 강사 활동한 인재를 발굴하는 일은 어렵지 않다. 전문분야 강의경력 사항이 확인되면 회사 소개와 함께 방송권유를 한다. 대부분 필드에서 열정적인 활동하는 이들은 방송 역시 거절 하지 않는다. 그들은 다른 사람을 소개하는 일도 적극적이다. 소개로 미팅이 이루어지는 건 다른 영업에서와 같이 신뢰가 기반으로 맺어지기 때문에 실질적인 관계로 이어진다.

그러면서 시청자와 소통하는 방송, 공감하는 방송을 위해 공감대 형성을 매우 중요시 한다. 영상 서비스 향상을 위하여 부동산 관련 경매, 생활법률, 부동산세법, 법무, 변리, 행정, 노무 등 전문가와 일반 시청자들과 공감하고 소통하기 위한 콘텐츠제작이 확대되었다. 시인, 샌드 아티스트, 자기경영 코칭 전문가, 스피릿추얼 코칭전문가, 심리상담사, 화가와 녹화 방송을 하여 영상 편집 후 인터넷 유튜브와 네이버TV와 카카오TV에 업로드 한다. 초창기에 한 시간씩 길게는 두 시간까지 생방송을 하였지만 인터넷 방송의 특성을 잘 파악하지 못한데서 온 웃픈 지난 이야기다.

홍보 영상 제작을 의뢰받아 부동산 분양 현장과 주택 건축 현장을 직접 찾아가서 촬영하기도 한다. 의뢰인이 적은 비용으로 홍보 효과를 극대화할 수 있는 효율적인 마케팅 방법이다.

온라인 방송이라 파급력이 더 크다

온라인 방송의 장점이 홍보가 용이하고 파급력이 있다는 특성을 최대한 활용하기 위해 대학, 단체, 기관을 통해 상호업무 협약을 위한 체결식도 이어지고 있다. 본 방송사와 MOU체결을 한 기관 및 단체는 당사 사이트에 소개되고 있다. 간단하게 소개한 바와 같이 본 방송사와 결연하는 방법은 방송출연, 인터뷰, MOU 체결의 결과로 사항에 따라 분류된다.

신한대학 신종우 교수 인터뷰

　그중에 서일대학교 H교수의 소개로 이루어진 신한대학교 보건과학대학 신종우 교수와의 만남은 특별하다. 신종우 교수를 중심으로 한 신한대학교 미래융합교육학회와 MOU체결이 이루어졌고, 이를 통해 지속적인 관계를 지속하고 있다. 특히 스마트교수법으로 *4차 산업혁명의 리더로 활발한 신종우 교수 인터뷰하는 과정에서 스마트교수법을 직접 경험한 대학생들과의 인터뷰도 함께 이루어졌다.

　지난 10월에는 미래융합교육학회에서 주관으로 충청대학교에서 거꾸로 수업, *플립드 러닝 스마트교수법 워크숍에 초대받아 참석했다. 워크숍 참석자들은 대학 교수들이 주축을 이루었으며, 프로

그램을 동참하면서 그들의 미래교육에 대한 열의를 느낄 수 있었다. 그중에 한국기술교육대학교 L.K.M 교수, 아주대학교 법학전문대학원 H.S.D 교수, 팀 플러스 K.Y.G 대표와 인터뷰를 했다.

미남 교수는 '거꾸로 수업'의 대가다

미남 교수 신종우 교수의 열정으로 전국에 있는 상당수 대학이 스마트교수법에 동참하고 있다. 주입식 교육방식의 제한적인 문제점을 보완하는 거꾸로 수업 방식이 좀 더 많은 교육 현장에서 확대되기를 기대한다. 이로 인해 차세대 주역들이 열린 사고와 창의성을 통하여 잠재능력을 개발하여 적극적인 삶의 리더가 세워지기를 기대한다.

방송 횟수를 거듭할수록 자체적으로 보유하고 있는 콘텐츠를 발견하게 되었다. 필자 역시 콘텐츠 개발자이기 때문이다. 얼마 전에는 스마트폰 활용 지침서를 공저하였는데 이처럼 끊임없이 콘텐츠를 생산해 내는 일에 열정을 쏟고 있다. 집필기간이 끝나면 다시 RBCTV의 문화 콘텐츠 제작에 집중할 것이다.

당신의 잠재된 콘텐츠의 기반은 무엇인가? 이제부터 그것을 발견하고, 개발하길 바란다. 당신의 숨겨진 보물이 RBCTV 종합예

술의 창작 활동에서 재창조되길 기대한다.

방송 후 스튜디오

방송 후 스튜디오 2

* 콘텐츠contents 란 인터넷이나 컴퓨터 통신을 통하여 제공되는 각
  종 정보나 그 내용물이다. 유, 무선 전기 통신망에서 사용하기
  위하여 문자, 부호, 음성, 음향, 이미지, 영상 등을 디지털 방식으
  로 제작해 처리, 유통하는 각종 정보 또는 그 내용물을 통틀어 이
  른다.

  [네이버 지식백과]

* 4차 산업혁명은 온라인 정보통신 기술이 오프라인 산업 현장에
  적용되면서 일어난 혁신을 일컫는 말이다. O2O가 오프라인 제
  조공장에 적용되면서 생산 영역에서 질적 상승이 일어났다. 생
  산 공정을 손쉽게 바꾸는 스마트 공장과 예측 수리가 가능한
  스마트 머신이 새로운 생산 혁신을 이끌고 있다. 소비자의 삶
  에 가장 큰 영향을 미치는 것이 바로 생산 방식의 변화다. 과거
  의 증기 혁명, 조립 혁명, 정보 혁명 모두 생산성 혁명이다. 4차
  산업혁명은 O2O가 불러온 생산성 혁명이다.

  [네이버 지식백과]

* 플립드 러닝 방식: 교수들이 먼저 온라인에 동영상을 제작 제
  시하고, 참가자들이 사전 학습한 후 워크숍 당일에는 참가자들
  이 직접 제작 및 실습하는 심화학습 방식.

  [네이버 지식백과]

현장 인터뷰가 즐겁다

"삶의 목적은 목적 있는 삶을 사는 것이다."

– 로빈 샤르마의 말이다.

당신은 어떤 인터뷰를 하고 싶은가

우리는 세상이라는 무대 위에 있는 배우들이다. 각자 맡겨진 일에 열정을 다해 감당하는 삶의 달인이다. 어떤 작품을 만들어 낼지는 스스로의 몫이다. 모태에서 벗어나 세상에 던져진 순간 우리는 세상무대에 출현한 연기자가 된다. 당신은 어떤 연기자인가?

필자는 인터넷방송을 하는 입장에서 스튜디오에서 방송하는 것보다 현장 인터뷰가 훨씬 생동감이 넘치는 것을 경험했다. 현장

속으로 찾아 들어가는 이유가 현장감을 담기 위한 것이다. 여러 가지 불편한 일도 뒤따른다. 무거운 장비를 운반하는 일이 스텝들에게 부담이 되고 번거로운 일이다. 스튜디오 녹화 촬영보다 비용도 장소에 따라 큰 차이가 있지만 인터뷰 섭외와 요청이 있으면 방송사 인원은 합력하여 작품을 만들어 낸다. 우선 장비는 촬영 팀과 편집 팀이 각자의 분야를 꼼꼼하게 준비한다. 무선마이크를 인터뷰 담당자에게 채워 주면 준비는 끝이다. 시나리오는 인터뷰 전에 이미 전달되었기에 당일에는 잠깐 리허설을 하고 바로 촬영에 들어간다.

갑작스러운 방송 사고는 사소한 부분에서 발생한다. 카메라 메모리 카드는 충분한지, 마이크용 건전지는 여유가 있는지 미리 완벽하게 준비해도 현장에서 예기치 않은 일들이 발생할 수 있다. 촬영도중 무선마이크 건전지가 없어서 급하게 근처 편의점에서 구입해서 무사히 마친 일도 있다.

지방 촬영은 여행하는 마음으로 즐기자

지방 촬영이 있는 날은 여행하는 마음으로 간다. "피할 수 없으면 즐겨라"는 말은 로버트 엘리엇(Robert S. Eliet)이 그의 저서 『스트레스에서 건강으로 : 마음의 짐을 덜고 건강한 삶을 사는 법』에서 했던 말이다. 피할 수 없으면 즐기라는 말은 피하고 싶은 일을 만나면 그 일로 인해 부담을 느끼며 스트레스 받지 말고, 어차피 해야 할 일이라면 능동적인 자세로 편안하게 즐기듯이 하라는 말일 것이다.

우리 앞에 있는 일이 어찌 구미에 당기는 일만 있을 수 있으랴. 그렇다고 불평한다 한들 상황이 달라지지는 않는 것이다. 현장 인터뷰의 매력은 예상하지 못했던 일이 발생하기도 하는 긴장감을 가져다준다. 사전에 충분히 현장 확인하고 촬영 계획을 세운다 할지라도 자로 대듯이 정확하게 그려 갈 수 없다.

필자는 그러한 과정들이 닥칠 때마다 더욱 흥미로워진다. 새로운 변화를 겁낼 필요가 있겠는가? 문제를 만나면 문제를 풀면 되는 것이다. 문제를 피하려는 태도는 좋은 결과를 얻을 수 없다. 당면한 문제를 풀기 위해 그 자리에 존재하는 것이다.

그러다 보면 어느새 문제는 더 이상 문제가 아닌 것이다. 다만, 좋은 성과로 기쁨을 주는 요소였음을 알 게 될 것이다.

우리는 새로운 누군가를 만나면 상대방을 탐색하게 된다. 질문을 받기도 하고 주기도 한다. 자기 자신을 가치 있는 상품화로 준비한다면 누구를 만나든 당당하게 자신을 어필할 수 있다. 자

부동산 모델하우스 현장 인터뷰

이제 스스로 셀프 인터뷰를 진행해보자.

당신을 인터뷰합니다

가상 대상 : 공인중개사

(변호사, 세무사, 회계사, 변리사, 건축사, 노무사 등)

Q1. 자기소개 부탁드려요?

Q2. 어떤 일을 하시나요?

Q3. 사람들이 공인중개사를 통해서 어떤 도움을 받을 수 있나요?

Q4. 본인만의 인생철학, 좌우명?

Q5. 여가시간은 주로 어떻게 보내시나요?

Q6. 공인중개사를 시작하게 된 계기는?

Q7. 어떤 점이 이 일의 매력적인 점이라고 생각하시나요?

Q8. 이 일을 하는데 가장 필요한 것은 무엇이라고 생각하시나요?

Q9. 공인중개사님 사무소만의 강점이 있다면 무엇이라고 할 수 있을까요?

Q10. 좋아하는 음식은? 좋아하는 음악은?

Q11. 가족, 친구 등 생각나는 사람들에게 한 마디

Q12. 나에게 있어서 "공인중개사"란? (한마디로 표현한다면? 그리고 그 이유?)

Q13. 이 일을 하면서 겪었던 어려움이나 보람은 무엇인가요?

Q14. 공인중개사를 준비하는 분들에게 한마디 해준다면 어떤 점을 조언해주고 싶으신지요?

Q15. 산과 바다, 둘 중에 하나를 선택한다면?

Q16. 10년 후 나의 모습은?

06

목소리도 상품이다

"일반적인 것의 위험을 감수하지 않으면
평범한 것에 만족해야 한다."

– 짐론의 말이다.

자신 안에 있는 더듬이를 세우자

우리는 환경의 지배를 받으며 지낸다. 대부분 환경에 순응하는
것을 삶의 미덕으로 생각한다. 그런가 하면 강인한 삶의 주역이
되고자 하는 사람들은 환경의 지배에서 벗어나기를 원한다. 환경
의 지배에서 벗어나는 가장 좋은 방법은 변화를 감지하는 더듬이
를 세우는 일이다. 자기의 가치를 높이기 위해 더듬이를 통해 민
감하게 대응하는 것이다. 자신의 틀을 바꾸는 데는 끊임없는 노
력이 필요하다. 더듬이를 세우고 자기다움을 찾는 변화의 문은
환경의 변화를 온몸으로 느끼며 미래를 바꾸고자 노력하는 사람

에게 열려있다.

　필자가 이런 더듬이를 세우는 노력의 결실 중 하나가 목소리를 작품으로 만든 것이다. 스스로의 가치를 높이지 않으면 아무도 대신해주지 않는다.

　3년 전에 KTX를 타고 지방에 간 적이 있다. 좌석 앞에 비치된 잡지를 보았다. 마중물이라는 소재로 쓴 글을 읽고 큰 감동을 받은 기억이 난다. 생활 속에서 사물을 바라보는 심오한 철학적 관점이 부러웠고 존경스러웠다. 마중물 같은 소중한 존재가 되어야겠다는 다짐을 했다.

　마중물이란 펌프질을 할 때 물을 끌어올리기 위해서 붓는 물이다. 마중물의 '마중'은 '오는 사람을 맞이 한다' 는 뜻이 있다. 마중하는 한 바가지 물은 보잘 것 없는 적은 물이지만 깊은 샘물을 퍼 올리는 역할을 한다. 마중물은 우리에게 세상과 소통하는 지혜를 준다.

　마찬가지로 삶의 변화를 위해서 자신의 깊은 곳에 있는 가치를 찾아내는 마중물이 필요하다. 필자는 목소리로 그런 마중물의 역할을 하길 원한다.

자신을 가치 있는 상품으로 만들자

녹화촬영이 없는 날 방송시스템을 활용할 방법을 찾던 중 좋아하는 시를 낭송하는 생각을 했다. 시 낭송에 경험이 있는 것은 아니다. 다만, 시를 타고난 감성으로 접근한다면 시상을 글로 표현한 시인의 마음을 읽을 수 있다고 믿었다.

물론 시 낭송을 시도하기 전에 많은 테스트와 시집을 읽어보는 일은 필수적인 요건이다. 다양한 각도에서 시인의 마음을 헤아려보려는 노력이 수반되어야 한다. 시대적인 환경을 이해하고, 문화를 공감하고, 시인의 사상이나 가치관을 가능한 모두 파악해야 한다. 그런 후에 시집을 본다. 그 안에는 마음에 와 닿는 시가 있고, 아무런 감명을 주지 못하는 시도 있다. 낭송을 하려면 마음에 와 닿는 시를 선택하는 것이 중요하다. 이러한 모든 과정은 자작시가 아닌 한 시인의 저작권 문제를 해결한 후에 진행할 일이다.

모든 조건이 갖추어졌다면 이제 낭송할 차례다. 무엇보다 중요한 것은 시 낭송을 녹음하는 것이다. 방송 장비의 고급화로 음질과 음색을 잘 담아내는 일이 중요하다. 최근에는 스마트폰 기능도 좋아져서 스마트폰으로도 얼마든지 가능하다. 간단한 편집기술을 접목시키면 훌륭한 시낭송 작품이 탄생된다.

필자가 시 낭송을 처음 시작할 당시는 UFO 마이크를 사용했다. 시 낭송의 독특한 울림을 느낄 수 있어서 나쁘진 않지만, 필자의 고유의 음색을 또렷이 나타내주지 못하지만 나름대로 매력있는 작품이 탄생되었다. 시 낭송을 해 오면서 자평해 볼 때 맨처음에 연습 삼아 녹음했던 시 낭송이 가장 괜찮은 것으로 생각한다. 물론 그 작품에는 침 삼키는 소리도 잡히고, 입에서 나는 소리까지 다 잡혀있어 아쉬운 면이 있지만 음색은 가장 좋았던 작품이다.

필자의 자작시를 낭송한 작품도 있다. 대표적으로 '수선화', '아름다운 터치'가 있다. '수선화'는 필자가 공인중개사사무실을 운영할 당시에 지은 시다. 사무실 근처 아파트에 매수 고객과 함께 매물 의뢰자의 집을 보러 가던 중 아파트 1층 정원에서 만난 노란 수선화가 눈에 들어왔다.

눈부시게 아름다운 노란 꽃대를 기다란 자태로 뽐내는 모습에서 마치 반갑게 인사하는 이미지를 느꼈다. 스마트폰으로 촬영했다가 업무를 마치고 사진을 보며 아파트 앞에서 본 수선화와의 이미지를 떠올리며 짧은 글로 표현했다. 이 시는 한 달에 한번 발행하는 아름다운 신문에 실리기도 했다.

'아름다운 터치'는 필자가 사계절 중 유난히 봄을 좋아하는 까닭에 봄마다 설레는 마음과 자연 만물을 통해 느꼈던 감정을 글로 표현하였다. 자연 앞에 우리 인간은 모두 순수해지는 것을 경험하곤 한다. 이 글을 쓰고 있는 시간에도 다가오는 봄을 설레는 가슴으로 기다리고 있다.

07

매일 방송국으로 출근한다

"저는 미래가 어떻게 전개될지는 모르지만, 누가 그 미래를
결정하는지는 압니다."

- 오프라 윈프리의 말이다.

상쾌한 아침 감사함으로 시작하라

당신의 아침은 어떤가?

친근한 아침 인사말이 있다. "안녕히 주무셨어요?"

필자는 아침마다 기대하는 마음으로 감사기도를 드리고 하루
일과를 시작한다. 특별한 방송사 일정이 있는 날에는 기대하는
마음으로 출발한다. 다른 날보다 메이크업이나 헤어스타일을 신
경을 쓴다. 의상 선택도 일정에 따라서 적절한 의상으로 코디를
한다. 머리부터 발끝까지 신경 쓰는 시간부터 업무는 시작이다.

지하철에서 스마트폰 활용은 절대적이다

필자의 출 퇴근은 교통 지체가 없는 지하철을 이용한다. 서울 지하철은 인천광역시와 경기도를 연결하고 있어서 사실상 5천만 인구의 절반 이상의 국민이 이용하고 있는 중요한 대중 교통수단이다. 지하철은 더구나 65세 이상 노인들에게는 무료 승차의 혜택을 주기 때문에 노년의 건강 유지와 사회 분위기의 활성화에 큰 기여를 하고 있다.

사람은 자신의 눈높이에서 다른 사람을 바라보게 된다. 지하철 이용하는 사람들의 모습을 보며 연민을 느끼기도 한다. 더 자고 싶고, 쉬고 싶지만 자신과 가족을 위하여 힘들고 전쟁터 같은 일터로 가는 사람과 자신의 꿈을 향해 열심히 학업에 열중하는 학생들의 모습을 본다. 수많은 인파 속에 그들의 부지런한 모습에서 존경스럽고 성직자의 경건함마저 느껴진다.

장시간 이동하는 지하철에서는 독서하자

지하철 이용객의 광경은 점점 단순해진다. 스마트폰을 들여다보는 사람이 90% 이상이다. 스마트폰으로 가능한 일을 개인의 선택에 따라 다양하게 활용하는 모습을 보게 된다. 어쩌다 눈을 감고 있는 사람, 메이크업을 하는 아가씨, 책을 읽는 사람도 간혹 보인다. 그중에 필자도 서서 독서를 하거나 방송관련 자료를 훑어보기도 한다.

에너지 넘치는 걸음으로 자신의 길을 가자

청년의 걸음은 에너지가 넘친다. 환승구간에서는 의식적으로 자세를 곧게 하고 걷는다. 사뿐한 걸음으로 컨디션이 느껴진다. 청년의 걸음을 따라 걸어 보기도 한다. 아가씨의 아름다운 걸음도 사랑스럽다. 부러운 시선으로 바라보며 이미 그 길을 걸어 온 지난날들에 감사한 마음이 든다.

중년 남성의 걸음은 삶의 고뇌가 달려있다. 어깨 위에 삶의 무게가 무겁게 느껴진다. 경제를 위해 열심히 걸어온 중년 세대의 미래의 삶을 축복한다. 나이 많은 어르신들은 아침 일찍 어디 가는지 궁금하다. 한때는 당당했을 어깨가 처진 명퇴자의 모습은 아닐까 생각하니 마음이 울컥한다.

필자는 7호선을 이용하여 대림역에서 환승하게 된다. 유난히 긴 환승 구간에는 길고 높은 에스컬레이터가 있다. 계단을 이용하면 등산하는 기분이 든다. 에스컬레이터를 이용할 때 마다 오른쪽 계단으로 갈까 하는 세미한 울림이 있다. "아니야 출근시간에 너무 에너지를 소진하면 안돼!" 라고 스스로 판단하여 에스컬레이터에 오른다.

키 큰 사람, 작은 사람, 뚱뚱한 사람, 마른 사람, 머리숱이 많은 사람, 속이 훤하게 보이는 사람, 긴 머리 아가씨, 짧은 머리 총각과 같은 사람의 외관으로 보이는 다양한 모습에서 그들의 삶이 그려진다. 그들의 삶이 행복으로 그려지기를 바라는 마음으로 응원하는 마음으로 그들과 동행한다. 다른 이의 눈에 필자는 어떻게 보였을까. 필자는 많은 사람들 속에 오늘도 즐겁게 일터인 방송국으로 힘차게 걷고 있다. 오늘은 나에게 가장 중요한 날이므로 필자는 감사한 마음으로 최선을 다하고자 한다.

| 제 2 장 |

누구나 인생 제2막이 있다

소중한 존재는 만들어진다

"가장 큰 위험은 위험 없는 삶이다."

– 스티븐 코비의 말이다.

"으아 앙~ 으아 앙~~~" 산속에서 울려 퍼지는 아기의 울음소리다. 아기의 탄생은 축복이다. 축복받아야 할 아기는 산 속에 버려졌다. 아기의 울음소리는 어느 산골마을 나지막한 산등성이에서 울려 퍼지고 있었다. "나는 살고 싶어요!", "나를 데려가주세요!", "배고파요!", "포근하게 안아 주세요". 아기의 울음소리에 나무들도 우는 듯 나뭇잎을 떨어뜨리고 있다. 필자의 탄생 직후의 모습이다.

아기는 울음을 통해 존재감을 알렸다. 삶의 본능적 욕구를 세상에 알린 것이다. 필자의 어머니로부터 들은 출생의 비하인드

스토리는 영화 시나리오 같다. 누구나 이 세상의 주인공이다. 주인공의 삶이 순탄하지 않을 때 역경을 겪고 끝끝내 최후의 승리를 할 때 관람객들의 가슴에 감동과 위안을 얻는다. 비슷한 삶을 살고 있는 자신과 비추어 보며 공감을 하며 힘을 내기로 결단하기도 한다. 필자의 출생에 대한 배경을 장황하게 펼쳐 놓는 이유는 바로 그런 이유에서다.

산고의 고통을 겪으면서 낳은 자신의 아기를 산 속에 버리 듯 행했던 산모의 심정이 어땠을까? 어른이 된 시점에서 글을 쓰노라니 당시 필자의 어머니 심정이 헤아려진다. 어머니에게 아기란 어떤 존재인지 알기 때문이다. 세상의 모든 어머니들이 온 우주의 좋은 것을 다 주고도 아깝지 않을 만큼 소중하고 귀한 존재가 아기일 것이다. 필자의 경우도 아들들이 원하는 모든 것을 주고 싶은 마음이 있기 때문이다.

당시 출산 직후 집안 분위기는 산모와 아기에게 무관심과 냉대뿐 이었다고 하였다. 아들이 아닌 것이 어찌 산모의 죄란 말인가. 산모는 아기에 대한 가족의 손길을 기대하며 젖먹이 아기를 산에 버려둔 채 그들의 동태를 테스트 하였던 것이다. 같은 방에서 잠을 자다가도 아기의 움직임에 눈을 뜨는건 엄마다. 아빠는 깊은 잠을 잘 수 있지만 아기엄마는 온 마음과 신경이 아기에게 집중되어 있기 때문에 아기의 작은 움직임에도 반사적으로 잠에서 깨어난다. 아들을 기다렸던 할머니와 아버지에게 갓 태어난 필자에게 마음을 둘리 없었다. 결국 아기 엄마의 귓가에는 세상을 진동하는 듯 아기의 울음 소리가 크게 들려 와 더 이상 버려 둘 수 없었다. 아기 아빠와 할머니의 귓가에는 스치는 바람 소리만 들렸으리라. 테스트의 결과를 예상했을 아기 엄마는 가족들에 대한 원망과 상처만 커지고 말았다.

동화 속 그림 같은 산 속에 작은집은 언니가 3살 때만 해도 행복을 피워내는 단란한 가정이었다. 필자의 아버지는 손이 귀한 가정의 대를 이어야 할 짐을 지고 있었다. 유난히 언변술이 좋았던 아버지는 마을 사람들이 모이면 화려한 입담가로 인기도 많았다. 동네 뿐 아니라 이웃 동네까지 소문난 유명한 지관과 법사의 일로 정신적 지주의 위치에서 덕망 높은 존재였다.

첫째 딸이 세 살 무렵 어느덧 어머니 뱃속에는 새로운 생명이 자라고 있었다. 임산부의 배를 보고 성별을 짐작하던 때라 할머니의 시선은 달라지고 있었다. 첫아이가 딸이었으니 둘째는 아들 낳기를 원했으리라. 둘째마저 딸일 것이라는 상황이 못내 아쉬웠을 것이다. 심상치 않은 분위기를 눈치 챈 어머니는 가족들과 심리적 거리를 두었다. 그렇게 자상하고 유머러스한 남편의 모습은 점점 사라지고 있었다.

 필자의 부모님은 외조부와 아버지의 약속으로 정약결혼(계약)을 하였다고 하였다. 당시 외갓집은 일꾼을 여럿 두고 사는 시골 마을의 갑부였다. 외조부는 한자를 가르치는 서당 훈장님으로 선비처럼 지내다보니, 가정 경제는 외조모의 수완(手腕)으로 꾸려졌다. 2남5녀 7남매를 두었지만, 두 아들을 병으로 잃게 되자 외조모는 충격으로 건강상태가 급속도로 악화되었다. 유교와 샤머니즘이 전부였던 그들은 모든 방법을 다 동원하기에 이르렀다.

 어느 날 외조모를 위해 법사의 신분으로 온 젊은 남자가 외조부의 눈에 들어왔다. 유창한 언변술과 탁월한 재능으로 꽤 유명한 법사로 정평이 난 그 남자를 눈여겨보다가 그에게 제안을 했던 것이다. "내 수양아들이 되어 줄 수 있겠느냐." 그는 부잣집 주인의 수양아들이 되어도 좋겠다는 생각을 했는지 흔쾌히 수락을 하였다. 수양아들의 역할을 잘해줄 거라는 기대에 부푼 그에게 어느 날 또 다시 제안을 하였다. "내 둘째 딸과 결혼을 하면 논 몇 마지기를 주겠노라." 혼기가 찬 그는 처가집의 영향을 받아 생활은 나아질 것이라는 기대감 때문인지 두 번째 제안도 받아들였다. 그리하여 그 남자는 둘째딸이었던 필자의 어머니와 결혼하였다.

첫째 딸은 시집가서 시집살이로 친정을 돌볼 겨를이 없었고, 고스란히 둘째 딸인 필자의 어머니가 부모님을 봉양하며 지내왔다. 어머니는 먼 산길을 아이를 업고 외조모의 간병을 위해 여러 차례 친정집을 드나들었다.

그러던 어느 날 친정에 다녀와 집안으로 들어서는 순간, 방안에서는 흘러나오는 할머니와 아버지의 웃음소리에 낯선 여자의 웃음소리가 어우러져 어머니의 귓전을 때리는 것이었다. 토방에 놓여 있는 시어머니와 남편 신발 옆에 나란히 놓여 있는 낯선 여인의 신발을 발견하게 되자, 울화가 치밀어오는 것을 주체할 수 없었다. 친정집에 보내 놓고 할머니는 아버지에게 아들을 낳아 줄 아가씨를 만나게 해주고 있었던 것이다. 할머니는 연약한 몸으로 간신히 딸 둘을 낳은 며느리에게 아들을 기대 할 수 없다고 판단했는지 어떤 방법으로든 아들을 낳아 대를 이어야겠다는 집념 하에 일을 벌였던 것이다. 아버지는 아내에게 미안한 마음보다는 대를 이어야 한다는 어머니의 강한 요청을 못이기는 척 받아들인 것이다. 그러면서 아버지와 어머니는 사이가 점점 벌어지게 되었다.

할머니가 소개해준 그 여자는 아버지를 만나러 자유롭게 드나들었다. 어느 날 이런 상황을 불편하게 여기는 어머니를 향해 던지는 할머니의 한마디는 "네가 이해해라. 신경 쓰지 말고 잘 지내주길 바란다. 그 여자는 아들만 낳으면 돌아갈 것이다. 우리 집의 며느리는 너뿐이다."라며 모든 심리적, 정신적 고통을 고스란히 감내해주기를 강요하였던 것이다. 그러나 어머니는 도저히 감당 할 수 없었고, 급기야 짐을 싸게 되었다. 당시 필자는 '엄마!', '아빠!'라고 말을 배우기 시작할 무렵이었다고 하였다. 필자의 기억으로 어머니 등에 업힌 채로 아버지를 향해 "빠이빠이" 하며 손을 흔들었던 장면이 분명하게 각인되어 남아 있다. 이렇듯 아버지와의 추억은 유아기에 어머니의 등에 업힌 채 이별한 가슴시린 아픔뿐이다.

그렇게 아버지와 생이별을 한 채 무작정 외가댁으로 어머니 등에 업혀 오면서 필자의 광야 같은 인생은 시작되었다. 아니 사실 태어날 때부터라고 해야 맞는 표현이다. 외가에 와서는 건강이 좋지 않으신 외할머니의 보살핌보다 거의 이모들의 돌봄을 받고 유아기를 보냈다.

돌이켜 생각해보면 필자의 삶의 전반에 적극적이고 도전적인 근성은 출생당시부터 겪었던 시련에 대한 보상심리일지 모른다. 평범하게 살지 않는 특별한 인물이 되고자 꿈꾸며 살아 왔다. 할 수 있는 모든 수단과 방법을 다 동원하여 인생의 여정을 의미있게 새겨놓고 싶은 마음으로 살고 있다. 저마다의 삶의 가치와 의미가 존재하듯 필자에겐 남다른 삶의 이유가 있기 때문이다. 이렇게 책을 쓰는 이유도 고진감래의 삶을 세상에 알리고 싶어서다.

아픈 경험으로 성장한다

"당신이 세상을 바꿀 수 없다고 말하는 사람은 두 종류다.
시도하기를 두려워하는 사람과 당신이 성공할까봐 두려운 사람."

— 레이고포스의 말이다.

어머니는 홀로서기를 결단하고 집을 나서 친정에 두 딸을 남겨둔 채 생활고를 해결하기 위해 기술을 배우러 서울로 떠나게 되었다. 필자의 도전정신은 어머니를 닮은 듯하다. 시골에서 아무런 정보도 없이 무작정 서울로 진출하는 일이 어디 쉬운 일인가? 더욱 동생 들 돌보느라 배움의 시기를 놓치고 초등 학문도 트지 못한 상태에서 여인의 몸으로 맨 땅에 헤딩 하듯 상경한 열정이니 말이다. 이런 담대한 용기와 과감한 추진력은 모성애가 아니곤 불가능한 것이다.

어느 어머니인들 그런 모성애가 없을리야. 다양한 방법으로 자녀를 향해 희생과 고통을 감수하신 분들이 어머니 세대시다. 사랑을 아낌없이 보여주신 후에도 여전히 더 흠뻑 채워주지 못한 아쉬움에 평생을 빚 진자의 심정으로 자녀를 바라본다. 필자가 열정을 다하여 삶의 스토리를 장식하는 이유 중 하나이기도 하다. 어머니의 사랑과 은혜에 감사하는 마음으로 남기고 싶다는 생각이 동기가 되었다.

10대, 20대, 30대, 40대를 지내온 과정마다 우여곡절을 겪으면서도 놓치지 않으려는 끈이 있었다. 어머니가 감수하며 살아온 일들을 대신 살아드리고 싶은 마음이다. 필자를 보면서 대리민족이라도 한다면 조금이나마 위안이 되지 않을까?

필자의 나이 5살가량 되었을 무렵 어느 날 네째 이모는 머리를 예쁘게 깎아 주겠다며 큰 감나무 아래에 앉혀 놓고 어깨에 보자기를 둘러주었다. 한참 가위로 싹둑싹둑 머리를 자르고 있는데 갑자기 귓불이 따갑고 쓰라린 것이다. "앗! 아파요", "어머나! 어쩌냐 이런 귀를 베었네." 이모는 미안해하며 황급히 옥토정기를 가져와 피가 나는 귓불에 빨갛게 발라 주었다. 당시에는 큰 충격이었던 그때일이 생생하게 추억으로 남아 있다. 그 후로도 무슨 대소사를 가장 먼저 달려와 살펴주시는 분이다.

어느 날 먼 친척이 왔고, 이모들과 그 친척과 무슨 대화가 있었는지 나의 옷가지들을 싸서 그 친척 손에 쥐어 주었다. 뭔가 이상한 분위기를 눈치 채고 의아해하는 필자를 향해 "저분을 따라가면 맛있는 것도 많이 먹을 수 있고, 좋은 옷도 입을 수 있단다. 따라 가거라." 그렇게 어린 필자는 낯선 친척 집에 보내졌다.

그 친척 집에는 필자와 서너 살 적은 여자아이가 있었다. 과수원으로 바쁜 그들이 어린 딸을 잘 보살필 수 없으니 필자에게 어린 딸을 돌보는 일을 맡기려 했던 것이었다. 본능적으로 남의 집으로 왔다는 현실이 눈치를 보게 되고 의기소침해진 상태로 지내게 되었다. 시키지도 않은 마당 쓸기를 하느라 손에 잡히지도 않는 커다란 대나무 빗 자루로 마당을 쓸고, 걸레로 마루를 닦았다. 아이와 함께 놀아주고 돌보는 일들이 익숙해질 무렵 어느덧 나이는 초등학교에 들어갈 시기가 되었다.

작은 딸의 진로가 신경 쓰였던 어머니는 초등(당시 국민)학교에 입학시켜 줄 것을 외조부님께 손 편지를 보내 요청하였다. 이미 또래 아이들이 초등학교에 입학하여 재학 중인 것을 보고야 미 취학중인 작은 딸이 생각났다고 하였다. 어머니의 요청으로 숙부님 댁으로 찾아오신 외할아버지의 방문이 무척 반가웠다.

외할아버지와 손잡고 과수원을 지나 시골길을 걸어 나오면서 부푼 꿈을 꾸며 걸었다. 어느덧 도착한 곳은 바로 필자의 큰 이모 댁이었다. 외조모가 먼저 세상을 떠나시고 외조부는 큰 딸 집에서 지내셨던 것이다. 수양아들 삼았던 필자의 아버지와는 어머니의 가출로 관계는 자연스럽게 끝나 버렸던 것이었다. 큰 이모 댁은 대 가족이 살고 있었다. 큰 이모부와 큰 이모 슬하에는 2남 2녀 자녀가 있었다.

필자는 이듬해 초등학교에 입학하였다. 보호자가 되어주신 자상하신 큰 이모부의 존재로 아버지의 부존재를 실감하지 못하던 시절이었다. 지금처럼 집 앞에서 버스나 지하철을 타는 편리한 교통여건과는 달리 십리를 걸어야 도착하는 곳에 학교가 있었다. 등하교 길이 멀다는 생각 없이 한 살 위의 이종 사촌 언니와 벗되어 오며 가며 자연이 주는 즐거움을 만끽했다.

클로버 꽃으로 세상에서 가장 아름다운 꽃 시계를 만들어 손목에 서로 채워주곤 즐거워했다. 풀 잎을 따서 풀 피리를 만들어 연주하는 일이 맘처럼 잘 안 되었다. 이종 사촌언니는 필자보다 요령이 좋아 소리를 잘 내었다. 소리를 내보려고 얼굴이 붉어지도록 바람을 만들어 풀 피리에 도전하였다. 삐~ 소리가 나면 반짝이는 눈동자로 서로를 바라보며 웃는다. 풀 숲에 숨어 있다가 사람들 앞을 태연하게 기다란 웨이브의 걸음으로 외출을 하는 뱀은 가장 불편한 존재였다. 꺄아악~!! 소스라치게 놀라 소리쳐도 아랑곳 하지 않고 자기의 템포로 기어간다. 꿀벌들은 주위를 빙빙 돌며 '재희야 안녕 반가워'라고 하는 듯 윙윙거리며 반가운 세레모니를 한다. 잠자리와 나비는 세상의 아름다운 것들이 많으니 기대하라는 듯 부드럽게 나폴 나폴 춤을 춘다.

어느덧 3학년이 되어 어버이날 기념 글짓기 대회에서 이모와 이모부의 사랑과 보살핌에 대한 감사한 마음 담아 우수상을 받았다.

큰 이모 댁은 산을 병풍처럼 두른 위치에 있었기에 산에 자주 갈 수 있었다. 언니들을 따라 올라가보면 계절 따라 산에서 준비한 페스티벌은 실로 행복한 축제의 장이었다. 봄 철에는 진달래와 개나리로 온통 화려한 축제를 한다. 진달래 잎을 따서 먹어보면 꽃 잎의 감촉은 매우 부드럽고 향긋하였다. 칡을 캐느라 여념이 없던 언니들이 부르는 소리에 달려가 보면 흙 속에 묻힌 알이 꽉 찬 칡뿌리가 건강한 자태로 언니 손에 들려 있다. 칡 뿌리를 씹어보면 특유의 알싸한 맛과 향이 코를 진동한다. 머루와 다래는 지금도 가장 먹고 싶은 귀한 산 열매다. 애기 포도 같은 풀 향내 짙은 달콤한 열매의 까막사리는 지금도 생생하다. 꽃 피기 전 찔레의 연한 순은 수분 공급용 간식이었다. 천연 건강식품이 온 산과 들에 가득한 시절이었다.

큰 이모 댁은 바닷물이 흘러 작은 호수를 이룬 간사지에서 그리 멀지 않았다. 썰물 때 맞춰 나가면 갯 뻘에서 산책 나온 게들의 천국이었다. 발이 푹푹 빠지는 뻘 속에서 작은 게들이 만들어 놓은 구멍을 따라 손을 뻗어 깊이 넣어보면 딱딱한 게의 촉감을 느낄 수 있다. 그럴 때 뻘과 함께 손에 움켜잡아 꺼내보면 도망가지 못하고 잡혀 나온 게들이 살려 달라고 몸부림친다.

수로를 따라 깊은 안쪽으로 들어가면 모래와 뻘로 형성된 흙 속에 바지락이 있다. 호미로 쓱쓱 파보면 바지락의 영근 자태가 드러날 때 재미가 쏠쏠하다. 바다 흙의 상태에 따라 서식하는 조개는 다양하다. 대합을 직접 캐어 본 경험은 신기하고 짜릿한 순간이었다.

어느 날 한 살 위인 언니가 맛 조개 캐러 가자고 했다. 신기한 맛 조개의 체험할 기회를 경험 하고 싶어 따라 나섰다. 물이 빠진 시간에 수면이 깊지 않은 수로에서 작업하는 것이었다. 맛 조개는 딱딱한 모래 흙 속에 집을 짓는다 하였다. 물속의 구멍을 찾아 손을 넣어보면 손가락 하나 들어갈 정도의 구멍이 딱딱하게 만져진다.

요즘에는 소금을 뿌리면 맛 조개가 쏙쏙 올라오게 되고 그때 잡는다고 들었다. 그 당시에는 그런 정보를 듣지 못하고 마구잡이로 잡다 보니 맨손으로 잡으려고 덤벼들었던 것이다. 한참을 맛 조개잡이에 정신이 팔려 있을 무렵이었다. 한 살 아래인 사촌 동생이 이모 시댁 조카 아들과 함께 맛 조개 잡는 곳으로 물장구 치며 오고 있었다.

필자는 개구쟁이 동생들을 피하여 둑으로 올라가는 순간 앗! 날카로운 무엇에 손가락을 베인 것이다. 피가 철철 흐르자 당황한 동생은 재빠르게 어른들께 도움을 청하러 달려갔다. 피 흐르는 손가락을 바라보면서 겁에 질린 채 울음을 터트리고 있을 때 황급히 달려오신 분은 외 조부셨다. 다른 분들은 모두 밭에 가서 일하는 중이었던 것이다.

외조부는 손 가락을 보시더니 재빨리 길가에 이름 모를 풀을 뜯으셨고, 돌로 풀물이 나을 정도로 으깨어 손가락에 붙여주셨다. 어른이 되어서야 그때 응급 지혈제로 외할아버지께서는 쑥을 사용하셨다는걸 알게 되었다. 병원으로 달려가 적절한 처치를 받았어야 했으나 산간 오지에서는 지혈을 돕는 것이 전부였다. 그 날 후로 새끼손가락에 있는 흉터는 추억을 담은 채 지워지지 않는다.

장한 어머니

"행복이란 한두 방울 자기 자신에게 뿌리지 않고서는
남에게 줄 수 없는 향수와 같은 것이다."

– 랄프 W. 에머슨의 말이다.

세상의 모든 어머니들의 사랑은 향기롭다.

필자의 어머니는 그중에 더욱 고귀한 향기가 난다. 온전한 삶의 전부를 자녀를 위해 바치셨다. 어머니의 놀라운 사랑은 어떤 미사여구 美辭麗句로도 감당이 안 된다. 그런 어머니의 깊은 사랑을 빛나게 해드리고 싶다.

50평생을 좌충우돌하며 어설픈 모습으로 살아 왔다면, 남은 인생 2막은 멋지게 살아야 한다. 어머니의 아쉬웠던 삶을 살아드리고 싶다. 어머니의 어떠한 주문을 받은바 없지만, 어머니를 생각할 때 필자의 가슴에 밀려드는 어머니 마음은 항상 같은 메시지를 남긴다. "너는 나처럼 살지 말아라", "너 하고 싶은거 다 해보고 뜻을 펼쳐라" 어머니는 종종 바쁘다는 필자를 향해 하시는 말씀이다.

흔히들 많이 가질수록 행복하다고 생각한다. 행복은 소유에 있는 것이 아니라 부요함을 느낄 때 행복을 느낀다. 많이 가진자의 더 가지려는 욕망이 행복의 이미지라 볼 수 없다. 반면 적게 가진자의 베품과 선한 나눔은 향내 나는 고상한 행복의 모델이다.

얼마 전에 개설한 유튜브 채널 '이재희의 청바지TV'는 바로 그런 의미가 담긴 콘텐츠로 채워갈 것이다. 자녀에게 올인하며 자신의 정체성을 상실한 듯 살아가는 이들과 공감대를 형성하고 자긍심과 존재의 의미를 찾는 일에 조력자가 되기를 원한다.

옛날에야 자녀를 위해 온전히 자신의 삶을 희생하면 미덕으로 알고 뜨거운 모정애를 칭찬 했지만 이제는 환경이 달라지고 정서가 바뀌었다. 한 사람의 삶이 온전히 누구를 위해서 희생되어야 하는 것은 바람직하지 못하다. 그것은 오직 신 만이 할 수 있는 일이다. 세상에 독립된 존재로 다른이와 더불어 살아가는 과정 속에서 성장하고 발전하는 것이 삶이다. 자신의 삶을 통해서 기뜸을 맛보고 행복을 누릴 때 가까운 사람들과 유기적인 관계 속에서도 건강한 관계십이 형성된다.

이 책의 중요 콘텐츠는 가족이나 사회의 구성원으로서 역할에 집중한 나머지 정작 본인의 정체성을 잃고 사는 중년세대를 향한 메시지이다. "행복이란 한 두 방울 자기 자신에게 뿌리지 않고서는 남에게 줄 수 없는 향수와 같은 것이다." 랄프 W.에머슨의 말처럼 먼저 자기자신의 행복 지수를 높이는 것이 더 큰 행복을 만들어 낼 수 있다. 적어도 지금까지 그렇게 살아왔다면, 이제 달라져야 한다. 앞으로 가야 할 길이 멀다. 긴 여행길을 언제까지 남을 위해 존재 할 것인가? 자신의 진정한 행복한 삶을 건설하는데 관심의 초점을 맞추어야 한다. 자신 안에 있는 그 무엇이 숨죽이며 시들어 있는지 점검해봐야 한다. 자신이 가진 잠재력과 주어진 소중한 기회를 남탓, 환경탓 하며 시간을 허비하는 일은 이제 멈춰야 한다. 모든 것은 나로부터 시작된다. 우리의 인생 2막은 달라져야 한다.

어머니의 방문과 약속

들판에 곡식이 노랗게 무르익어가는 가을! 참새들의 지지배배 노래 소리가 정겨운 어느 날 나의 따뜻한 고향 어머니의 방문은 꿈 만 같았다. 양손에 선물꾸러미를 가득 들고 도착한 어머니는 큰 이모댁에서 초등학교를 잘 다니고 있는 작은 딸을 보러 온 것이다. 이듬해에 학교를 전학시키겠다는 약속과 함께 다시 돌아갔다.

겨울 방학 때 전학 절차를 밟고 이듬해 봄에 드디어 어머니와 언니와 한 집에서 살게 되었다. 초등학교 4학년부터 어머니와 살면서 새로운 학교에 적응하기 시작했다. 마을에서 40분 정도 걸어야 하는 곳에 있는 국민 학교가 새로운 꿈의 터전이었다.

필자가 특별히 좋아하는 시간은 음악 시간이었다. 음악 시간에 선생님이 새로운 노래를 가르쳐 주면서 몇 번 불러보고 "누구 한번 불러 볼 사람?" 하신다. 그럴 때마다 여기저기서 친구들이 "재희요! 재희 시켜요~" 한다. 그러면 선생님은 "그래 재희 한번 불러볼래?" 그러면 필자는 은근히 기다렸다는 듯이 앞으로 나가 방금 배운 노래를 이미 알고 있던 노래처럼 부르곤 했다. 그때부터 스스로 노래 잘하는 줄 알고 노래하는 사람이 되고 싶다는 꿈을 꾸었다. 필자는 노래를 잘 부르는게 아니라 노래를 좋아했던 것이다. 누구나 자신이 좋아하는 일에는 흥미를 가지고 적극성을 띤다. 우리의 인생 2막은 바로 좋아하느 일로 즐거운 마음으로 적극적으로 알 수 있는 일로 보내자.

어느 날 군 소재 기관에서 콩쿨대회가 열렸다. 같은 마을에 사는 친구와 둘이 이중창으로 대회에 출전하게 되었다. 어머니는 작은 딸이 대회 나간다고 예쁜 멜빵 원피스와 흰블라우스를 사서 입혀주었다. 가난한 살림이었지만 예쁜 옷과 신발은 남 부럽지 않게 챙겨주셨다. 독창, 중창, 합창을 준비한 출연자들이 가득 메운 행사장은 열기로 가득했다. 경연 결과 우리는 이중창 부분 2등인 최우수상을 획득했다. 집에 돌아와서 어머니께 말씀 드렸더니 무척 기뻐하셨다. 고생하는 어머니께 보답하는 일은 즐거움을 안겨드리는 일이라고 생각했다. 어머니 표정이 시무룩해져 있는 것을 발견하면 분위기를 바꿔드리려고 재미있는 이야기나 학교에서 있었던 이야기를 해드렸다. 그럴 때마다 "너는 네 아빠를 닮아서 말을 잘하는구나."하시며 웃어주신다.

필자의 어머니는 한복을 만드는 일을 하셨다. 자녀양육의 무게감과 책임감을 안고 서울까지 가서 배워온 실력이었으니 시골에서 얼마나 인기였을까 짐작이 간다. 어려운 형편에 번듯한 가게도 없이 집에서 솜씨를 발휘해서 자녀교육에 이바지해주셨다. 솜씨가 좋아서 손님들이 좋아했고, 소문이 나면서 일감은 계속 늘어나게 되어 이웃집 아주머니가 놀러 오셔서 간단한 일거리를 돕기도 했다. 필자가 고등학교 때까지 어머니의 한복 짓는 일로 공부할 수 있었다.

초등학교 5학년이 되던 해 필자에게 잊지 못할 추억이 있다. 학부형들을 모두 초청하여 어버이날 큰 행사가 있었다. 이때 필자는 전교생 대표로 뽑혀 교장 선생님이 훈화하시는 곳에 올라가서 '어머니 은혜'라는 노래를 불렀던 일이다. 어머니도 다른 어머니들과 함께 하얀 블라우스와 짙은 청색 롱스커트를 입고 행사에 참석하셨다. 널따란 운동장은 전교생과 행사에 초대받아 오신 학부형들 가득 메워졌다. 국민의례 같은 식전 행사가 진행되는 시간 동안 독창을 해야 한다는 부담감에 가슴은 콩닥 콩닥 거렸다. 혹 노래를 실수 하지 않을까 초조 불안하여 마음 다스리기에 여념이 없었다. 드디어 진행자 선생님의 호명에 정신을 가다듬고 훈화 대 위로 올라섰다. 피아노도 흔치 않았던 시절 풍금 반주소리에 마이크 하나 들고 노래를 불렀다.

"높고 높은 하늘이라 말들 하지만 나는 나는 높은 게 또 하나 있지.
낳으시고 기르시는 어머님 은혜 푸른 하늘 그보다도 높은 것 같애.
넓고 넓은 바다라고 말들 하지만 나는 나는 넓은 게 또 하나 있지
사람 되라 이르시는 어머님 은혜 푸른 바다 그보다도 넓은 것 같애~"

두 손을 마주 잡고 작은 움직임과 몸 동작까지 언제 떨었냐는

듯 노래를 마치자 운동장 가득 박수갈채소리가 울렸다. 저자의 첫 무대는 초등학교 운동장이었던 것이다.

바로 그날 행사가 무르익을 무렵 학교에서는 부모님들을 위한 특별 순서가 있었다. 어느 부모인들 자녀를 위해 헌신하며 수고하지 않으시는 분이 있으랴마는 학교에서는 의미 있는 상을 준비했던 것이다. 전 교생 대상으로 모범적인 학생들 중 가정 형편이 어렵지만 학생을 위한 공로가 크신 부모님을 선정하여 시상식을 진행했다. 세분의 어머니가 수상했는데 그 중에 한분이 바로 필자의 어머니였다. 교장선생님 앞에 서 있는 장한어머니상을 수상하는 어머니의 모습은 어떤 모습보다 아름답고 고결한 이미지로 필자에게 각인 되었다. 초등학교 때부터 시작된 장한 어머니의 수상은 중학교에서도 이루어졌고, 고등학교까지 이어져 단골 수상자로 장한 어머니상 최다 수상자가 되었다. 우리 어머니는 정말 장한 어머니시다.

신념을 바꿔 놓은 종이 한 장

"사람은 희망에 속기보다 절망에 속는다.
스스로 만든 절망을 두려워하며 무슨 일에 실패하면
비판하고 앞길이 막혔다고 생각해 버린다."

– 웨나르의 말이다.

필자는 스스로에게 특별한 신념이 있다. 신념은 자신의 현재의 처지와 형편이 비록 경제적인 제약이 따르지만, 낙심하지 않고 좋은 꿈을 갖고 실천하면 반드시 좋은 날이 온다고 믿었다. 그 신념은 때때로 찾아오는 인생 고난과 역경을 극복할 수 있는 에너지원이 된다.

필자는 중학교 졸업 후 어서 장성하여 고생하시는 어머니 은혜를 갚겠다는 목표가 있었기에 고등학교 지원서를 작성했다. 당시에는 가정 형편상 상급학교 진학을 포기하는 경우가 많았다. 필자 역시 홀어머니의 삯 바느질로 간신히 생활비를 감당하는 형편이었으니 고등학교에 진학하는 일이 수월하지 않았다. 부모의 지원과 사랑이 당연한 것으로 여기며 행복하게 학교생활 했을 시기에 필자는 간신히 학교생활을 이어가는 형편이었다. 어머니와 언니의 지원으로 버스 통학 30분 거리에 있는 인문계 여고를 입학하여, 좀 더 나은 삶을 추구하며, 긍정적인 신념으로 매사에 적극적이고 밝은 모습으로 지낼 수 있었다. "반드시 좋은 세상이 열릴 거야"라는 혼자만의 생각에 밝은 웃음과 에너지로 채워가는 여고시절이었다.

여고생이 된 필자는 양 갈레 머리로 단정하게 땋아서 묶고, 깔끔한 교복차림은 여고생의 전형적인 이미지였다. 수업 후 집에 돌아오면 교복부터 손질해서 다음 날 학교 갈 준비 해 놓고 숙제를 하는 성실한 여학생이었다. 어느 날 여느 때와 같이 버스에 올라 자주 보던 조수를 향해 "안녕하세요!"라고 인사말을 건네자 "학생은 여기 학생 안 같애. 도시 학생 같애"라며 필자의 말투를 칭찬하였다. 그때까지도 말의 중요성을 잘 모르고 지내오다가 어른이 되어서야 말씨가 긍정적인 효과가 나타났다 옛날 시골길의 장거리 버스 통학은 힘이 들었지만, 어머니 앞에서 한 번도 힘들다는 말을 할 수 없었다. 어찌 투정을 할 수 있으랴.

필자의 여고 시절은 아름다운 스토리가 가득하다. 이미 고인이 된 영어선생님은 자상하며 항상 스마일로 여학생들의 인기투표 1위 자리를 차지했다. 필자도 영어 선생님의 부드러운 미소와 자상한 말투에 반해 영어 공부를 열심히 하였다. 점심시간이면 각자 도시락을 꺼내 맛있게 식사를 하지만, 필자는 도시락을 챙겨가지 못할 때마다 자리를 피해 양호실에 가서 누워 있곤 했다. 심리적인 불편함을 배 아프다는 엄살로 엄마 같은 양호선생님의 손길을 기대했던 것이다. 배가 아픈 것이 아니라 마음이 아팠던 시기였다.

상담실과 양호실은 같은 공간에 있었기에 양호실에서 나는 목소리를 듣고 상담실에 계시던 영어선생님이 들여다보더니 "재희 어디 아프니? 점심은 먹었니?"며 관심을 갖고, 가끔 칼국수도 사주었다. 어느 날엔 식사 후 상담실에서 파란 겉지 성경책을 한 구절씩 읽고 바로 밑에 읽은 사람 이름을 기록하기도 하였다. 그런 에피소드는 그리운 추억이 되어 생각만으로도 마음이 따뜻해진다.

학교에서 집에 돌아오면 하루 종일 집안에서 바느질로 심심하고 고단하실 어머니를 위해 즐거운 이야기를 전해드리고 어머니의 밝아지신 얼굴을 봐야 마음이 편해져서 하루 일과를 정리하곤 했다.

"꿈을 안고 왔단다. 내가 왔단다.
슬픔도 괴로움도 모두모두 비켜라.
안 되는 일 없단다. 노력하면은
쨍하고 해 뜰 날 돌아온단다."

어린 마음에도 이 노래 가사가 공감되었을까? 가사 중 '안 되는 일 없단다 노력하면은 쨍하고 해 뜰 날 돌아 온단다' 이 부분은 마치 필자를 향해 불러주는 노래로 여겨졌다. 지금도 가끔씩 어머니는 지난날 필자가 불러드렸던 노래를 기억하시고 옛날 이야기를 하신다.

여고 시절 수많은 스토리와 핑크 빛 꿈을 키워 어느덧 졸업을 하게 되었다. 상업계의 취업을 선택하는 친구들도 있었지만 필자는 취업보다 대학 진학이 우선이라고 생각했다. 학교에서도 상담을 통해 진학 가능한 학교를 선정하여 입시응시 절차를 밟아 서류를 작성하여 제출을 하기에 이르렀다. 제출하기로 계획된 날 상황을 얘기하고 다녀오겠다고 약국에서 근무하는 언니를 찾아가자 지하 창고로 필자를 데리고 갔다. 서류를 살펴보더니 갑자기 얼굴이 붉어지면서 격앙된 목소리로 "너는 너밖에 모르니? 너는 고등학교까지 졸업했는데 어찌 대학까지 가려고 할 수 있냐?" 하고 소리를 치더니 창고 안에 있던 빗자루로 필자를 때리기 시작했다. "알았어! 언니 안 갈게." 필자는 결국 울면서 안 가겠다고 하자 때리는 걸 멈추더니 응시지원 서류를 찢어버렸다. 어머니는 이 사건을 모르고 지내시다가 시기가 지난 후 알게 되어 무척 아쉬워하며 미안하다고 하셨다. 지금 같아서는 알바라도 해서 다닐 수 있었겠지만 시골에서 학생 신분으로 학비를 벌 수 있는 일은 없었다.

그 날 이후 진로정보가 부족한 시골 생활은 필자를 어머니 곁에 묶어 두지 못했다. 고등학교 진학을 포기할 정도로 가정 형편이 어려운 현실을 깨닫지 못한 철없는 동생을 바라 본 언니의 행동을 이해하는데는 그리 오래 걸리지 않았다. 그러나 끝은 끝이 아니다. 세상은 다양하고 무한한 가능성을 열어 놓고 누구에게나 선택의 기회를 제공한다. 끝없는 배움의 갈증은 순탄치 않은 어릴 적 환경 때문일 것이다.

오히려 배움의 갈증은 많은 정보와 배움의 노력을 추구하여 왔다. 비록 정규 매학은 아니지만 신학을 공부하였기에 교회에서 전도사 사역을 감당할 수 있었다. 연세대학교 평생교육원에서 상담 심리공부도 하여 사람의 마음을 살피고 다독여주는 일은 전문가 수준이다. 최근엔 그 동안 미뤄왔던 대학공부를 하는 중이다. 한양대학교 학점은행제로 학점을 받기 위해 젊은 학우들 틈에서 열심히 경영학의 전문지식을 배우고 있다. 앞으로 설립될 비전 목록의 일들을 잘 감당하기 위해서다. 교양과목으로 영화학 개론을 공부 중인데 영화에 대한 폭넓은 이해와 지식이 채워지고 있다.

이 순간도 작가의 신념에 찬 새로운 도전의 길을 가는 것이다.

오늘도 자신의 꿈을 향해 지혜로운 선택을 꿈꾸는 자들에게 위너 데이커는 이렇게 말했다. "최후의 승리는 출발점에서 멀어지는 것이 아니라 결승점에 이르기까지의 견실과 노력이다." 부디 당신의 지금 가고 있는 길의 최종의 목표지점은 어디인지 바라보라. 방향을 정해 놓고 가고 또 가다보면 어느새 당신이 꿈꾸던 자리에 서 있을 것이다. 꿈이 있는 자에게 기회의 여신은 찾아온다.

열정으로 연주하는 인생

> "어떤 사람에게는 황량하고 재미없어 보이는 세상도
> 다른 사람에게 있어서는 풍요롭고 흥미로운,
> 여러 가지 의미로 가득하다."
>
>   – 쇼펜하우어의 말이다.

살아 있는 자에게 열정이란 산소와도 같다.

숨을 쉰다고 해서 살아 있는 것이 아니다. 살아 있는 자에겐 무슨 일에든 열정이 있어야 한다.

당신은 열정은 몇 도인가?

미지근한 온도로 살아 왔다면 좀 더 진지한 자세로 자신의 인생의 그림을 열정을 다해 그려보자.

한 번뿐인 인생 열정을 다해 살아야 한다

한 예화를 보면 어떤 사람이 산에 노루를 방목하는데 자꾸 이리떼가 와서 잡아먹으니까 손실이 많게 되었다. 그래서 이리떼를 모조리 잡아 죽였다. 이제 노루나 사슴이 점점 더 많아지겠지 했는데 점점 비실비실하여 병사하는 노루들이 많았다. 오히려 이리떼에게 잡혀 죽는 수보다 병에 걸려서 죽고, 약해서 죽고 그렇게 죽는 숫자가 더 많게 되었다고 한다. 그래서 이리떼를 다시 풀어 넣었더니 노루들이 긴장을 하며 도망 다니게 되었고 결과적으로 더욱 더 강해지더라는 것이다.

동물들도 아무런 사냥꾼 없이 풀어놓으면 삶에 대한 의지가 약해진다는 것을 예화를 통해 알 수 있다. 사람도 약간의 스트레스는 삶의 활력을 준다. 고난이 왔을 때 겁먹기 보다는 그걸 이겨내고자 하는 열정을 다하는 자세가 필요하다. 열정은 곧 꿈을 실현하고자하는 의지이며 원동력이다. 반드시 이루어 내겠다는 신념이 굳은자에게 있는 자신감과 목표의식이 열정을 불사르게 하는 동기가 된다.

2장. 누구나 인생 제2막이 있다 81

다양한 열정의 스토리로 연주하는 삶

필자의 삶은 세 개의 악장으로 이루어진 교향곡과 같다. 첫 번째 악장은 서로의 삶에 영향을 주는 혈연의 관계로 맺어진 희로애락의 이미지의 연주다. 두 번째는 보다나은 미래를 위해 학연, 지연들과의 가슴 설레는 관계 속에서 열정적으로 살아가는 이야기곡이다. 세 번째는 깊은 영혼의 울림을 주는 진지한 삶의 모습을 연주하는 이야기로 이루어졌다.

자유롭게 연주 할 수 있고, 연주를 쉬기도 하며 풍성한 스토리로 악상을 살리기도 한다. 이 책을 쓰는 순간은 잔잔한 음악이 흐르는 연주가 진행되고 있다. 특별 연주를 하는 중이다.

연주가 싫증나면 잠시 내려놓으면 된다. 자신의 심장에서 들리는 조용한 아우성에 귀를 기울인다. 내면의 소리를 외면해서는 안 된다. 행복은 내면의 소리를 잘 듣고 실행할 때 느끼는 것이다. 그 소리는 열정의 아우성이다. 어디론가 떠나고 싶은가? 떠나라, 여행은 멀리 떠나지 않아도 신선한 바람을 통해 심장은 설레며 두근거린다.

가끔씩 자신을 위한 지지와 응원의 시간을 보내보자. 셀프 힐링데이를 가져보자.

내 인생의 주인공은 나다

나를 알고 이해하고 위로하고 사랑하는 것을 다른 곳에서 찾지 말자. 내 안에 나를 잘 인도할 나를 깨워야 한다. 진정으로 원하는 것이 무엇인지 깊은 내면의 소리에 귀 기울여보라. 내 안에 또 다른 나를 이끄는 능력은 적극적인 태도로 접근할 때 예상치 못한 놀라운 일들이 생겨난다. 과소평가하지 말고 나를 믿어보자. 명품인생을 창조할 에너지를 깨우자.

때론 고통과 아픔이 있을지라도 잘 견뎌내야 한다. 아름답고 가치 있는 정금을 만들어 낼 때 풀무 불에 연단하듯, 우리 인생도 마찬가지다. 혹 실수하더라도 기죽지 말자. 실수는 성공하기 위한 과정일 뿐이다. 그러한 고통을 의연하게 거치다 보면 어느새 가장 빛나고 아름다운 삶의 중심에 서 있는 자신을 대할 것이다.

명품인생은 나를 이끄는 힘을 의식하자

오늘은 파울로 코엘료의 ≪흐르는 강물처럼≫ 책을 읽다가 '연필 같은 사람'이란 내용 중 감명 받은 부분에 할머니가 말하는 연필의 다섯 가지 특징을 정리해 본다.

["첫 번째 특징은 말이다. 네가 장차 커서 큰일을 하게 될 수도 있겠지? 그때 연필을 이끄는 손과 같은 존재가 네게 있음을 알려주는 거란다. 명심하렴. 우리는 그 존재를 신이라고 부르지. 그분은 언제나 너를 당신 뜻대로 인도하신단다.

두 번째는 가끔은 쓰던 걸 멈추고 연필을 깎아야 할 때도 있다는 사실이야. 당장은 좀 아파도 심을 더 예리하게 쓸 수 있지. 너도 그렇게 고통과 슬픔을 견뎌내는 법을 배워야해. 그래야 더 나은 사람이 될 수 있는 게야.

세 번째는 실수를 지울 수 있도록 지우개가 달려 있다는 점이란다. 잘못된 건 부끄러운 일이 아니야. 오히려 우리가 옳은 길을 걷도록 이끌어주지.

네 번째는 연필에서 가장 중요한 건 외피를 감싼 나무가 아니라 그 안에 든 심이라는 거야. 그러니 늘 네 마음속에서 어떤 일이 일어나고 있는지 그 소리에 귀를 기울이렴.

마지막 다섯 번째는 연필이 항상 흔적을 남긴다는 사실이야. 마찬가지로 네가 살면서 행하는 모든 일 역시 흔적을 남긴다는 걸 명심하렴. 우리는 스스로 무슨 일을 하고 있는지 늘 의식하면서 살아야 하는 거란다."]

책 속의 소년이 되어 보자. '마음속에서 어떤 일이 일어나고 있는지 그 소리에 귀를 기울이는데 집중해보자. 자신이 무슨 일을 원하고, 어떤 삶의 흔적을 기대하는지 점검 하자. 100세 세대라는 말이 아직 실감나지 않을 수 있지만, 곧 실감 날 때가 다가온다. 아직은 인정하고 싶지 않은 노년을 맞이하게 된다. 열정을 불태울 시기가 그리 많지 않음을 인식하자.

내 인생의 내비게이션

"여호와는 나의 목자시니 내게 부족함이 없으리로다."

(시편 23:1)

우리는 매 순간 기적을 체험하며 살아간다

필자의 운전 실력은 꽤 좋은 편이다. 운전 경험이 훨씬 많은 사람 중에도 아직 내비게이션을 잘 못 보는 사람도 있다. 지리적 감각이 부족하지만 때에 맞는 내비게이션이 개발되어, 쉽게 목적지에 갈 수 있어 감사하다.

자동차 기술자들의 연구는 첨단을 걷고 있다. 필자가 면허증 취득할 당시만 해도 내비게이션은 보급되지 않았다. 내비게이션이 본격적으로 대중화된 것은 미국이 GPS(Global Positioning

System), 즉 위성위치확인시스템을 개방한 2000년부터다. 사실 GPS는 미국이 이미 1970년대 군사 목적으로 개발한 것으로 위성을 통해 위치와 방향 정보를 제공받을 수 있는 시스템이었고, 이러한 GPS의 민간 개방은 내비게이션 보급에 중요한 계기가 되었다.

뿐만 아니라 기어변속은 수동에서 자동으로 발전되어 순발력이 부족한 사람들도 안전하게 원하는 목적지를 갈 수 있게 되었다. 필자는 스틱기어 변속하는 자동차로 운전하는 시기에 크고 작은 사고가 있었다. 기억에 남는 교통사고는 아파트 입구에서 앞차가 전진을 해서 좌회전을 하는 방향으로 가는 것을 뒤따라가다가 버스와 충돌했던 사고였다. 그 보다 먼저 있었던 사고는 횡단보도 건너다 승용차에 맨몸으로 충격을 받기도 했다. 감사한 일은 모두 큰 골절이나 부상이 없었다는 것이다. 입원치료 받으며 자신을 돌아보며, 현재의 서 있는 위치에서 진정으로 해야 할 일과 하지 말아야 할 일은 무엇인지 생각하는 자성의 시간을 보냈다.

한번은 오토차량 이었을 때의 사고였다. 사거리에서 동쪽으로 직진하는 차량을 북쪽방향으로 직진하는 자동차에 과속으로 부딪치며 뒤집힌 것이다. 순간 꿈을 꾸듯 빙그르르 돌며 뒤집힌 차안에 있는 필자의 의식은 정상이었고, 눈앞에 보이는 건 다리였다.

충격으로 놀란 입에서 터진 외마디는 "하나님! 제 다리 멀쩡해요. 감사합니다. 안 다치게 지켜주셔서 감사합니다. 감사합니다!"라고 외치고 구조의 손길을 기다리고 있었다.

드디어 경찰이 도착했고, 차문을 열고 절반은 혼수상태가 된 필자를 향해 "괜찮으세요! 말할 수 있어요?"라며 환자의 상태를 먼저 확인하였다. 사고처리 과정에서 피해자의 위치에서 가해자의 위치로 변경될 위기도 있었지만, 상대방 운전자의 비상식적인 억지주장은 받아들여지지 않았다.

필자는 삶 속에서 일어나는 유쾌하지 않은 순간들 속에서도 유쾌한 조건을 찾아 감사하는 습관이 있다. 불만족스런 일을 투정한다고 해서 해결되지 않는다는 것을 경험했기 때문이다. 사건과 사고를 바라보는 관점을 바꾸는 것이 현명한 대처법이다. 이런 일을 당할 때 진정성 있는 처세술이 요구된다. 문제를 자기중심에서만 바라볼게 아니라 이타적 시각의 촉을 세워야 한다. 나의 행복만이 아니라 상대방에게도 행복일 때 공존하는 우리들의 삶은 가치 있고 아름다운 사회를 이룰 수 있다.

불가항력의 여러 가지 사건 사고들을 직면할 때 이성적인 판단과 감성적인 판단이 균형을 이루려는 노력은 스스로의 존재를 고

품격인 인생으로 세워준다. 우리 주변에서 흔히 볼 수 있는 분쟁과 불협화음은 모두 이성과 감성의 불균형에서 초래된다. 가슴에 따뜻한 마음과 상대방을 존중하며 아끼는 마음이 있을 때, 우리 사회는 평안하고 행복한 분위기로 조성될 것이다.

|제 3 장|

꿈꿀 자유와 기회

잃어버린 자아를 찾자

> "이 세상에 보장된 것은 아무것도 없으며
> 오직 기회만 있을 뿐이다."
>
> – 더글라스 맥아더의 말이다.

당신 안에 있는 감정을 보는 눈이 있는가? 그 감정이 어떤 영향력을 끼치는지 알고 있는가?

당신은 아직 완성되지 않은 신의 작품이다

신은 지금 이 순간에도 당신을 빚어가고 있다. 그러니 자신의 부족한 면을 들추어내어 스스로를 괴롭힐 필요가 없다. 이제부터 자신의 흠을 받아들이는 훈련이 필요하다. 자신의 부족한 면을 스스로 인정하고 그것조차 사랑할 때 한 뼘 더 성장하게 된다.

당신은 인생 2막을 맞이할 준비가 되었는가?

지금까지 성실하게 살아온 당신은 값진 인생 2막이 기다리고 있다.

뿌린 만큼 거두는 진리 앞에 당신의 풍성한 행복의 과실들을 기대한다. 그 만한 댓가를 치뤘으리라 여겨지기 때문이다. 이 책을 손에 들고 있는 자체도 이미 값진 인생 2막 인생을 준비하는 사람일 것이다. 어쩌면 이미 갖추어진 사람일 수 있다.

반면 자신의 지나온 세월을 한탄만 하며 마치 인생을 다 살았다고 생각하는가?

자신의 긍정적인 면을 덮어둔 채 누군가와 비교하면서 자신을 학대하지는 않는가?

자신 안에 있은 긍정적인 면모를 감추어 두려는가?

그런 당신이 이 책의 존재이유가 된다. 이 책이 그런 당신에게 조금이나마 도움이 되기를 바라는 마음을 담았다.

중년의 시기가 되면 자의든 타의든 열심히 살아왔지만, 내 앞에 남은 것이 없는 듯한 공허함을 느끼는 순간이 찾아온다. 남편이 사회생활에서 나름대로의 성공자의 대열에 합류하게 되고, 내조의 여왕의 자리에 등극한다. 그러나 자신을 거울에 비추어 볼 때 구름 낀 하늘의 모습의 자신을 발견한다. 남편의 성공이 내 성공은 아니

었던 것이다. 남편의 조력자일 뿐이지 주인공은 아니다. 주인공이
아니어도 충분히 행복하고 삶의 가치를 느낀다면 문제가 다르다.
삶의 가치관은 다르기 때문이다.

  자녀들이 품안에서 떠난 시점은 어미들의 가슴은 겨울이 된다.
내 것인 줄 알았던 분신과도 같았던 자녀들이 성장할 땐 키 와
몸 만 성장하는 것이 아니다. 전인격적인 성장과 변화가 나타날
때 미처 대비하지 못했던 어미들은 당황하며 어쩔 줄 몰라 한다.
자녀의 사소한 말 한마디에 맘 상하고 서운해지는 일이 발생하면,
그때서야 빈둥지증후군을 혹독히 앓게 된다. 세상에서 가장 불행
한 사람이 자신이라고 느껴지는 오해와 가슴앓이를 경험 한다.

  얼마 전 지인들과 대화 속에서 자녀들로부터 받은 상처를 털어
놓는 화자가 있었다. 애완견과 유기견을 사이에 두고 딸과의 의
견 충돌로 못 마시는 술을 마시고, 주정 아닌 주정을 했던 이야
기를 했다. 딸은 유기견을 잘 돌보고 키우자는 이야기였고, 화자
는 이미 17년을 함께 살아온 애완견이 받을 스트레스를 염려하여
반대하는 입장이었다고 하였다. 그러던 어느 날 가족들이 모두
집을 비운 사이 유기견이 주인의 사랑을 받고 있는 애완견의 귀
를 물어버린 사건이 있은 후부터 였다고 하였다.

결국 그 일로 유기견은 보내지고 문제 해결은 되었지만, 딸과의 대화가 여전히 문제라는 하소연을 하였다. 예상치 못한 말 한 마디에 상처 받는 것은 신뢰가 깊은 관계일수록 더 아프다. 금쪽 같은 딸이지만 엄마 마음을 헤아리기 보다 객관적인 제 3자의 시간에서 판단하고 직언을 하더라는 것이다. 무조건 엄마편일 것이라는 기대감이 무너지고 그럴 수 있다는 현실에서 상실감이 컸으리라. 그만큼 성장 했으니 대견하다라는 생각은 제 삼자의 시각에서 볼 때 할 수 있는 생각이다.

왜, 갱년기에 있는 중년여성들이 가슴앓이를 많이 하게 될까?

이 시기에는 자신에 대한 믿음과 신뢰를 보내야 한다고 생각한다. 스스로를 인정하고 믿어줄 때 자신감의 싹이 자란다. 자신감은 일상생활에서 무엇이든지 해내려면 꼭 필요한 요소다. 자신의 능력에 대해 의심을 멈추고 두려움을 관리해서 정말 자신에게 필요한 것들을 이뤄내려면 자신감을 키워야 한다. 그것이 없는 사람은 출발지점에서 한 발짝도 앞으로 가지 못한 잠재력을 펼칠 기회조차 없다.

자신감이 부족한 사람은 늘 실현시키지 못한 욕구 속에서 허우적댄다. 또 무기력해져서 포기상태가 될 때까지 머릿속에서 계속 핑계거리를 찾는다. 이런 일들은 가슴을 답답하게 한다. 우리 여성에게 필요한 것은 일단 행동에 나서야 한다. 여성들에게는 성공하는데 필요한 요소들이 충분하다. 다만 자신이 성공할거라는 믿음이 없어서 시도조차 못하고 있을 뿐이다.

여성들은 모든 걸 제대로 해야 한다는 생각이 지나치게 강하다. 늘 무언가가 잘못되면 어쩌나 하며 두려워하고 있다. 하지만 위험을 감수하지 않고서는 절대 다음 단계로 올라설 수가 없다. 자신감은 훈련을 통해 높일 수 있는 것이 아니다. 성공과 가장 밀접한 관련이 있는 덕목은 능력보다 자신감이다. 인생을 성공하기 위해서는 능력도 필요하지만, 더 중요한 것은 어떤 행동 앞서 완벽주의를 버리는 것이 필요하다.

자신의 분야에서 경지에 오른 21세기 여성이라면, 자신을 향한 걱정을 그만하자. 이제 자신을 믿고 행동에 나서는 데 더 많은 시간을 쏟아야 한다. 자신의 일을 위한 시간 확보도 필요하다.

결국 여성들은 자신이 완벽할 때만 자신감을 갖는다. 자격미달에 준비도 안 된 남성들은 두 번 생각도 않고, 그냥 뛰어든다. 그런데 자격이 넘쳐나고 지나치게 준비를 한 많은 여성들은 여전히 몸을 사리며 뒤로 물러난다.

자신감은 스스로 대단하고 완벽한 사람이라고 말하는 것이 아니며, 원하는 건 뭐든 다 할 수 있다고 큰 소리치는 것도 아니다. 자신감은 생각을 행동으로 바꿔주는 것이다.

여성들의 또 다른 버릇은 지나치게 생각을 많이 하는 것이다. 우리는 쓸데없는 자기 비판으로 스스로를 고문하는 일에 너무 많은 시간을 뺏긴다. 자신감의 초석은 과감히 행동에 나서는 것인데, 지금도 많은 여성들이 쓸데 없는 자기 비난으로 시간을 허비하고 있다. 만일 당신이 자신감을 갖고 싶다면 끊임 없이 되돌아보는 습관부터 멈춰야 한다.

자신감은 '행동에 필요한 연료'라고 할 수 있다. 우리 뇌에 긍정적인 메시지를 전달하는 옥시토신의 가장 큰 효과로는 스트레스를 완화시키는 부분이다. 기분을 안정시키고 사람에 대한 애정과 신뢰감을 높여, 기분 좋은 행복감을 주는 작용을 한다. 또한 행복 호르몬 대표로 불리는 세로토닌 분비를 활성화한다. 이 중요한 세로토닌의 분비를 촉진시키는 것이 바로 옥시토신이다. 뇌에 충분히 분비되면 불안과 두려움, 좌절의 감정이 감소하고, 의욕과 포부의 감정이 높아진다. 사람에 대한 연민의 마음도 증가하고, 기분 좋은 인간관계를 자연스럽게 구축할 수 있다.

스트레스를 줄이고 자신감을 얻을 수 있는 7가지 습관을 제시한다

첫째, 명상을 하라.

명상을 통해 뇌를 차분하게 만드는 것은 자신감을 높이는 매우 좋은 방법이다. 명상을 통해 내면에서 외치는 자신의 욕망의 함성을 들을 수 있다.

둘째, 감사하라.

감사하는 마음은 행복과 낙관적인 사고방식에 꼭 필요한 요소다.

셋째, 작게 생각하라.

문제를 잘게 나누어 바라보라. 스트레스나 당면한 문제를 향해 부담감을 내려놓아라.

넷째, 잠을 자라.

충분한 수면섭취가 어떤 일 보다 기본적인 습관이 되어야 한다. 상쾌한 아침과 피로가 가득한 저녁을 생각해 보라. 어느 때에 자신감이 생기겠는가?

다섯째, 움직여라.

우리 신체는 적당한 움직임을 통해 활성에너지가 생성

된다. 웅크리고 앉아있을 때 밝고 희망찬 새로운 계획을 세울 수 없다. 일어나서 밖으로 나가라.

여섯째, 나눠라.

우리는 사회적 존재가 아닌가 우린 서로가 서로에게 필요한 존재들이다. 합력해야 걸작품을 탄생시킬 수 있다.

일곱째, 힘 있는 사람이 되는 연습을 하라.

당신의 선택으로 힘을 얻는 성공자가 되는가 하면 힘 잃은 낙오자가 되기도 한다.

작은 실천이 삶을 보다 더 윤택하고 행복하게 이끌어 갈 수 있다. 모든 여성들이 자신감을 갖고 자신의 능력을 발휘하기를 바란다.

당신 안에 있는 긍정적인 감정으로 충전한 자신감은 새로운 일을 창조하는 놀라운 힘이 있다. 당신 안에 있는 에너지로 채워진 회복된 자아의 건강한 미래를 응원한다.

자연으로 마음을 치유하자

"우리들은 사람을 사랑하는 마음이 엷은 것이 아니고 자연을
사랑하는 마음이 깊은 것이다."

– 조지 바이런의 말이다.

인간이 가장 안정감을 갖게 되고 편안함을 느낄 때는 언제 일까? 어디론가 떠나고 싶은가? 답답한 마음을 해소하고 싶은가? 무엇이 답답한 마음을 후련하게 해소시킬 수 있는가? 우리는 원인 모를 불만을 부여안고 허덕이며 살고 있다.

필자가 치유라고 표현한 이유는 현대인들이 공통적으로 격고 있는 여러 가지 갈등과 압박에서 발생하는 심리적 정신적 고통을 해소하자라는 의미의 표현이다. 전혀 심리적 정신적 스트레스나 고통이 없는 사람은 없을 것이다.

다행스럽게도 인간에겐 그 고통이나 스트레스를 풀 수 있는 능력도 주어졌다는 사실이다. 누구나 자연 치유력을 가지고 있다는 것이다. 이 자연 치유력을 담당하는 것은 몸의 면역 담당 세포인 백혈구이다. 여기서 중요한 것은 백혈구는 소위 체내의 청소부이기 때문에 쓸데없는 먼지가 잔뜩 있으면 충분한 작용을 할 수 없게 된다.

이때 혈액을 정화하는 역할은 산소가 얼마나 깨끗한 산소가 체내에 들어와 있는가는 매우 중요하다. 자전거를 타거나 조금만 걸어도 곧 지쳐 버리는 사람이 있다. 그런 사람은 산소를 전신에 공급할 수 있는 능력이 약한 것이다. 곧 체력이 약하다 좋다라는 평가기준은 산소공급 능력의 차이다.

100세 시대를 넘어 의학의 발달로 인간의 수명은 점점 길어지고 있다. 그러나 우리들의 삶의 태도는 크게 달라지지 않고 있음을 부인할 수 없다.

이런 긴 인생을 대비하려는 적극적인 자세를 취해야 할 우리의 생활 패턴을 보자. 인위적이고 편리성을 추구하는 문명의 굴레에서 건강을 잃어가고 있는 것을 느끼지 못한 채 살고 있지 않은가. 자신의 소중한 심신을 돌볼 여유조차 없이 수레바퀴처럼 하루하루를 허덕이며 살고 있다. 출근길 지하철을 타면 자연스레 사람들의 얼굴을 본다. 어느 순간부터 그들의 얼굴에서 고단한 삶을 느끼며 애잔한 마음이 든다.

　그나마 나이가 젊은 사람일수록 얼굴은 환하다. 젊음의 상징인 탄력 있는 피부와 탱탱한 근육을 말하는 것이 아니다. 그들에게서는 평안함과 생기가 흐른다. 반면, 삶의 고비와 연단을 맛본 연장자 일수록 삶의 고뇌가 고스란히 얼굴에서 비춰진다.

　인간은 자연 속에 있을 때 안정감을 느끼며 평안해지는 존재다. 그래서 누구나 '쉰다'는 개념은 '자연 속으로 간다 '로 대신할 수 있다. 여름 휴가철 많은 사람들이 산으로 바다로 떠나는 이유는 무더위를 피할 요량도 있지만, 도심의 산소 결핍의 환경을 떠나 산소를 충전하러 간다는 의미로 해석해 본다. 그곳에 가면 도심에서 맛볼 수 없었던 맛 있는 에너지가 풍부하기 때문이다. 자연 속에 있을 때 가장 행복해 지는 것이 인간이다.

　필자는 얼마 전에 태안반도 만리포를 다녀왔다. 최근에 스마트폰 활용지침서를 공저하게 되어 짧은 기간이지만 집필에 몰입했던 심신을 위한 위로와 칭찬의 방법이다.

사람의 손길이 많지 않은 자연의 경관은 말로 표현하기 어렵다. 해변에 깔린 고운 금모래의 보드라운 감촉은 아직도 뇌리에 생생하게 남아 있다. 모래 밭에 그림도 그려보고 이름도 써보고, 맨발로 고운 모래의 감촉도 느껴봤다. 자연이 베풀어준 혜택을 만끽하면서 저절로 감사가 넘쳐났다. 이 모든 것들은 누구나 값 없이 누리며 느낄 수 있는 자연의 선물이다. 자연 속에 있을 때는 사람들의 외모는 누구나 걸작이 된다. 모두 평안하고 아름다운 자연의 이미지에 물든다. 그 순간 치유되고 충전되는 것이리라.

자주 자연의 품에 안기고 싶다. 산 이든 바다 든 건강한 삶으로 이끄는 길이라면 더욱 그러하다. 집필하고 있는 이 순간 옆 건물에서 공사하는 소리가 들린다. 전자 톱 소리인 듯하다. 바다에서 들어 본 파도소리와 대비되는 소리다. 건강을 채우는 소리와 건강을 손상시키는 소리로 말이다.

자연을 맘껏 누리며 사랑하자!

우리가 알고 있는 질병 대부분은 우리 스스로가 치유할 수 있다. 다양한 방법 중 가장 추천하고 싶은 방법은 자연치유다. 자연은 나를 건강하게 하는 에너지 충전소다. 건강을 지키는 무료치유센터가 바로 대자연이다.

자신의 건강한 삶을 위한 가장 기본적인 생활 수칙 3가지를 가져보자.

첫째, 자연을 벗 삼아 자신의 참 모습을 간직하자.
둘째, 자연이 주는 메시지에 귀 기울이자.
셋째, 자신의 마음을 들여다보는 눈을 밝히자.

인간을 둘러싸고 있는 발병원인을 여러 각도에서 관찰하고 치료법을 찾는 노력은 많이 쏟아져 나오고 있다. 그중에 자연 치유에 대한 반가운 치료법이 있어 소개하고자 한다.

『자연치유력』의 저자 이성재 박사(가천의대 길병원 소아 심장센터 교수 겸 통합의학센터 소장)가 말하는 "자연의학이란 인간의 온갖 질병과 고통을 자연의 치유능력에 맞추어 조율해주고 복원시켜 주는 의학이다. 그러기 위해 인체의 면역기능과 회복기능을 증강시켜 주는 여러 가지 자연적인 접근방법을 동원하며, 환자를 보고 그 신체적인 병변 부위에만 치중하는 치료가 아니라 정신적, 사회적, 환경적인 부분까지 관찰하여 조화를 이루게 하는 치료를 행한다."고 밝혔다. 여기에서 말하는 여러 가지 방법 중에 자연이 주는 영향력을 가장 우선순위로 둔다.

특히 우리가 값을 지불하지 않고도 맘껏 얻을 수 있는 소중한 선물이 있는데, 필자는 '햇빛, 공기, 물' 이 세 가지를 '치유에너지'라 말하고 싶다.

이성재 박사가 말하는 자연 요법의 원칙 중 첫 번째는 "인체는 스스로 치유될 수 있는 능력을 가지고 있다."라고 한다. 그렇다. 우리는 스스로 치유할 능력이 내재되어 있는 것이다. 외부의 어떤 물리적인 힘을 이용하는데 치중하는데 몰두하다보니 가장 기본적인 방법들은 놓치고 있는 것이다.

이성재 박사의 자연치유법 중 하나인 명상법을 소개한다.

몸과 마음을 다스리는 초월명상법

1. 안락하고 편한 자세로 눕거나 앉는다. 앉을 때는 등뼈를 곧게 펴고 어깨를 떨어뜨린다.
2. 자세가 편하게 느껴지며 눈을 감는다.
3. 숨을 들이마시고 내 뱉을 때 배가 올라갔다 내려갔다 하는 것을 의식한다.
4. 호흡하는 데만 정신을 쏟는다.
5. 만일 딴 생각이 들거나 하면 왜 그런지 따지려 하지 말고

다시 배에만 의식을 집중해 호흡에 힘쓴다.

6. 만일 마음이 여전히 숨 쉬는 것 이외 딴 곳으로 가려거든 그때마다 다시 호흡 자체에 집중한다.

7. 하고 싶건 아니건 위의 동작을 매일 15분씩 일주일간 반복한다. 그리고 생활 속에 명상훈련이 자리 잡는 것을 느껴본다.

8. 매일 딴 일을 잊고 호흡만을 위하여 시간을 보낸 것이 어떤 느낌이었는지 생각해 본다.

자연치유의 중요성을 확인하면서 무심코 지나쳤던 생활 습관이 우리의 심신을 얼마나 힘들게 하는 것인지 알 수 있다. 이제부터라도 자신의 건강을 위해 작은 실천을 하나씩 진행해 보는 건 어떨까. 필자도 근육에 힘이 없어지는 걸 느끼고 나서야 스트레칭과 걷기 운동을 생활화 하려고 애쓰고 있다. 자연 속에서 산책하는 즐거움은 우리의 신체가 원하기 때문이다. 지혜로운 생활 습관으로 100세 시대를 건강하고 활력 있는 삶을 디자인하자.

내면의 요새를 튼튼히 짓자

"마음을 유린당하는 것보다는 몸을 유린당하는 것이 낫다."

— 로즈비타 폰 간다스하임의 말이다.

행복한 여성은 내면이 건강하다

내면이 건강한 여성은 당당하다. 당당한 여성은 나이 듦을 두려워하지 않는다. 세상을 넉넉하게 즐기며 산다. 주어진 모든 환경과 조건 앞에 머뭇거리지 않는다.

우리는 미래의 나아갈 방향과 목표를 '인생의 로드맵'이라고 부른다. '로드맵'이란 길을 헤매지 않고 변화하고자 하는 자신이 원하는 지점까지 갈 수 있도록 도와주는 지도를 말한다. 나의 변화하는 삶의 로드맵과 그 로드맵대로 찾아가는 나침판을 갖는 일은 미래의 불안함을 없애주는 좋은 도구이다. 삶의 로드맵이 준비되어 있으면 알 속에서 안주하고 있는 나에게 틀을 깨고 나올 수 있는 힘을 주는 것이다. 왜냐하면 방향과 목표를 알기 때문이다.

시인 천상병은 "나는 비로소 나의 길을 가는데 바람은 바람 길을 간다."고 노래했다. 내일의 운명을 가르는 갈림길에 섰을 때, 무엇이 나의 길인지 깊이 생각해야 한다. 나의 길이 로드맵 속에 표시되어 있어야 한다. '나의 길'은 선택하지 않은 나머지 다른 길을 돌아보지 않는 것이며, 나의 책임 아래 세상 끝까지 가야 하는 길이다. 세상에 있는 수 많은 삶의 길에서 자신이 진정으로 원하는 길을 선택하는 일이야말로 가장 중요하다.

자신을 인정하는 삶은 내면을 견고하게 한다

자신을 부정하고 비판하는 태도만큼 스스로를 무너뜨리는 건 없다. "왜 난 잘하는게 없을까?", "왜 난 하는 일마다 신통치 않은 결과가 나올까?" 이런 생각을 심어주는 부정적인 에너지는 어디서 오는 것일까? 자신을 사랑하지 않는 데서 온다고 할 수 있다. 자기 자신의 존재를 하찮은 존재로 여기고 과소평가하는 태도는 버려야 한다.

지나친 욕심과 승부욕은 자신을 타인과 비교하게 되고, 타인의 처절한 댓가의 과정은 보지 않은 불균형의 판단이 만든 불행이다. 원인 없는 결과는 없다.

꾸준히 노력하고 도전하는 과정을 통해 빛이 나는 작품으로 완성되어 간다

유튜브 영상을 보면 어려운 환경을 극복하고 성공한 사람들의 이야기를 쉽게 접할 수 있다. 성공자들을 보면 대부분 처절한 고통을 극복하고, 끊임없는 자기개발과 도전을 멈추지 않은 사람들이다.

왜 사람들은 성공이라는 결과만을 얻으려 하는가? 시련은 어리석고 무능한 사람들만 걸어야 하는 전용차선이 아니다. 누구나 그 길을 통해서 성공자의 가도를 달리는 것이다.

우리는 가공되지 않은 원석이다. 아직 윤을 내고 깎아야 하는 부분이 많은 다이아몬드다. 그 자체로 훌륭하다.

한순간도 내면의 요새를 건축하는 일을 쉬지 않는다

필자가 건강하게 지금까지 잘 지낼 수 있었던 것은 내면에 요새를 지었기 때문이다. 요새는 유아기를 거쳐 유년기에 건축이 시작되었다. 한 순간도 요새를 건축하는 일을 멈추지 않았다. 아직도 부분적으로 건축 중인 견고한 요새의 존재로 인해 험하고 외로운 세상을 버틸 수 있었다.

사춘기 시절 방황할 수 있는 소용돌이 속을 지날 때도 요새 안에 안연히 지낼 수 있었다. 존재감이 흔들리는 정서적인 혼란이라는 구름에 에워 쌓인 시기에도 구름장벽으로 멀리 흘러가지 못하도록 붙잡아 주었다. 날이 갈수록 완성되어가는 요새는 세상을 이길 힘을 비축 할 수 있다. 세상의 소용돌이와 험난한 세파에 안연히 요새 안에 거하면서 자신의 꿈을 향해 전진한다.

당신의 인생의 로드 맵은 무엇인가?

내일의 운명을 가르는 갈림길에 섰을 때, 무엇이 나의 길인지 깊이 생각해야 한다. 나의 길이 로드 맵 속에 표시되어 있어야 한다. '나의 길'은 선택하지 않은 나머지 다른 길을 돌아보지 않는 것이며, 나의 책임 아래 세상 끝까지 가야 하는 길이다. 그 길이 간혹, 막힘도 있을 수 있으나 지나가는 소나기일 뿐이다. 당신의 길을 중단하거나 돌아가야 하는 것이 아니다. 기꺼이 즐기며 감당해 내야 한다. 살아있으니 사는 것이 아니고, 초청 받았으니 기쁨으로 레드카펫을 걷는 것이다. 당신이 설정한 로드 맵이니 당신만이 그 길을 갈 수 있는 것이다. 그 길의 끝에 당신의 그것이 당신을 환영해줄 것이다.

고결한 아름다움을 간직하자

"항상 진지하려고 자신에게 즐거움이나 안락함을 주지
않는다면 정서가 불안정하거나, 머리가 이상해질 것이다."

– 헤로도토스의 말이다.

내면에 감추어진 아름다움을 발견하자

인간에 의해 거울이 만들어지면서부터 비극이 발생했다고 한
다. 이는 거울에 의해 자기의 모습과 다른 이의 아름다운 용모가
비교됨으로써 시기와 질투의 역사가 시작되었기 때문이다.

'남자는 한 번 여자는 두 번 죽는다.'고 나오미 울프(Naomi
Wolf)는 『미의 음모』에서 말하고 있다. 몸이 죽기 전에 아름다움
이 죽는 것을 말한다. 아름다움이란 내면에서 뿜어져 나오는 것

이다.

내면에 감추어진 아름다움이란 생명력이다

살아 있는 세포들의 움직임을 활성화시키는 에너지가 아름다움의 뿌리다. 그래서 어린아이는 생김새와 무관하게 모두 아름답고 사랑스럽다. 바라보기만 해도 힐링이 되는 모습이다. 그들에게서 뿜어져 나오는 에너지는 어른들에게서 나오는 것과 질적으로 다르다. 아기에게서 나는 향기는 살아있는 에너지의 향기다.

어른에게서 나는 향기는 살아 있는 에너지를 거스르는 수많은 요소들이 둘러 쌓여 순수한 향내를 발산하지 못한다. 그러나 아름다움을 재창조 할 수 있는 힘은 커진다.

연령 피해망상에 빠지지 말자

지금은 고인이 되신 외할아버지의 손등에 굵게 솟아오른 혈관들을 보며 "할아버지 손은 왜 이래요?"라며 팽팽한 필자의 손등과 번갈아 바라보며 필자가 던진 말이다. 익어가는 인간의 변화를 상상초차 하지 못했던 철부지 어릴 적 모습이다.

지하철로 출퇴근을 하다보면, 간혹 빈자리가 나면 주변에 있던 젊은이들이 내 눈치를 보기도 한다. 배려 차원의 양보의 대상으로 바라본 것이리라. 자리 양보를 받는 나이가 되었나 싶은 생각이 머리를 스친다. 어릴 적 할아버지 손등에 솟아난 혈관을 신기해 할 나이가 되어가고 있음을 의식하면서, 애써 담담하게 자리에 앉아 책을 읽는다.

인생 1막이 연습 무대라면 2막은 실전무대다

"마치 낡은 기타처럼, 낡은 몸체에서 깊은 소리를 내는 현, 그것을 나는 아름다움이라고 말하고 싶다"고 음악가 토테 발린Tote Walin은 어느 인터뷰에서 말했다. 아쉽게도 우리는 노인을 이렇게 교양 있는 눈으로 보려 하지 않는다. 이제 스스로가 아름다움을 발견하고 개발해야 할 시기가 되었다.

필자는 몇 년 전까지 나이 듦을 의식하지 못했다. 좌충우돌 거치며 열심히 살다보니 쉰 살을 넘긴 어느 날, 무엇이나 생각대로 저지를 수도 없는 나이라는 사실을 깨달았다. 반 평생 고비마다 경험했던 고통과 시련들이 더 이상 되풀이 되어서는 안 된다는 깊은 내면의 소리도 들려왔다. 이젠 연습무대가 아닌 실전무대라는 생각이 크게 뇌리를 스칠 때 아찔함을 느껴야 했다.

남들은 나이 들어가면서 하나씩 내려놓는다는데 필자는 오히려 인생의 옷 매무새를 더욱 다부지게 챙겨가는 중이다. 젊었을 때 보다 내면의 소리에 더 집중하게 된다. 그 만큼 삶의 의미를 진지하게 대면하는 중이다.

심은 대로 거둔다는 진리대로 젊은 시절 뿌린 것을 거둬들이고 그것을 나누는 시기가 인생 2막 인생이다.

나이든 사람의 얼굴은 삶의 보고서와 같다

나이 들면 청각 능력이 약해져서 목소리 톤이 올라가나보다. 큰 소리로 이야기하면서 자유롭게 행동하는 중년이상의 고령의 여성들이 가득한 커피숍에서 이 글을 쓰고 있다. 내가 고령의 여성들을 쳐다보는 것처럼 젊은 여성들은 능숙하지 않은 노트북에 글을 쓰고 있는 필자를 호기심어린 눈으로 보고 있을 것이다.

잠시 허리를 펴서 스트레칭을 하며 나이든 여성의 얼굴을 본다. 나이든 사람을 보노라면 얼마나 아름다운지 발견하게 된다. 그가 걸어온 인생을 알지는 못하지만 짐작으로 읽을 수는 있다. 이미지에서 느낄 수 있는 삶의 보고서 같은 얼굴에서 고결한 아름다움이 흐른다.

아름답게 익어가는 얼굴은 세월이 주는 훈장이다

'변화란 무조건 나쁜 것이다.' 포로수용소의 격언 중 하나다. 변화, 그 두려움에 대하여 우리 마음속 깊은 곳에는 변화에 대한 어떤 두려움이 있다.

가혹한 몸의 변화가 오고 있다. 나이든 여인을 보면서 젊은 시절 어떤 모습이었을지 생각해본 적 있는가? 깊은 주름으로 그림자 진 얼굴, 가냘픈 목덜미, 껑충한 긴 다리, 초점 없는 지친 눈 등은 멀리 있어도 가까이 있어도 느낄 수 있다. "어느 날 나도 이런 모습이 되겠지?" 하며 스스로에게 말을 건넨다. 아직은 자신의 문제로 받아들일 수 없다고 선언한다. 그리고 거울을 꺼내어 본다. 작은 안도의 숨을 쉬면서 스스로를 달랜다.

제 아무리 건강했던 사람도 50～60세쯤의 어딘가부터 노쇠해짐을 느낀다. 마치 몸이 템포를 늦춰주는 배려라도 하듯, 뻣뻣한 관절, 분명하지 않은 근육통, 조금 무리한 뒤에 비교할 수 없는 피곤함, 활력과 무기력 사이를 오가는 것이다. 천천히 늙어가는 것이다. 늙어감으로 말미암은 변화는 유쾌한 일은 아니지만 하룻밤에 다가오는 쓰나미는 아니다. 찬란했던 젊은 시절의 도전무대, 성공무대를 거치지 않고는 다다를 수 없는 일이다.

즐거운 인생이 아름다움을 간직할 수 있다

인생을 가장 현명하게 살 수 있는 비결은 즐기는 삶이다. 기분 전환과 재충전의 시간을 확보하는 지혜를 가져야 한다. 마음의 여유를 잊고 일에만 몰두 하다보면 머지않아 패닉상태가 되버리기 쉽다. 나름대로의 생활규칙을 지키는 것도 중요하지만, 평소의 생활에 활력을 불어넣어 주는 것이 필요하다. 오랜 시간 일을 하고 마음과 몸을 혹사 시키면 성과도 높일 수 없다. 효율성을 높이기 위해서는 심신의 컨디션에 비타민을 줘야 한다.

인생의 2라운드를 출발하는 중년세대는 새로운 기회와 축복의 장으로 초대받은 주인공들이다. 1라운드를 사회에서 짜인 각본대로 살아 왔다면, 이제부터는 직접 시나리오대본을 써보길 바란다. 그것이야 말로 즐거운 인생을 개척하는 길이다. 스스로가 내면의 깊은 곳에서 울리는 소리에 귀를 기울이는 인생으로 2막을 열어야 한다.

럭셔리한 인생을 가꾸자

> "낙관주의자는 우리가 최고의 세상에서 살고 있다고 공헌한다.
> 그리고 비관주의자는 그것이 사실이 아닐까 두려워한다."
>
> – 제임스 브랜치 카벨의 말이다.

당신은 럭셔리한 삶을 살 권리가 있다

당신은 어떤 모습을 간직하고 있는가? 요즘 젊은 여성들은 외모만 보고 미혼인지 기혼인지 분간할 수 없다. 긴 머리 여성들의 호칭은 '아가씨'여야 한다. 그들에게 아줌마라고 하면 반응이 좋지 않을 것이다. 길을 가다가 혹은 식당에 들러 모르는 중년 여성을 부른다고 가정해 보자. 자연스럽게 '아줌마' 또는 '아주머니'라는 말이 나올 것이다. 이와 같이 '아줌마'와 '아주머니'는 어느 정도 나이 든 일반 여성을 부르는 데 쓸 수 있는 대표적인 호칭이다.

백화점 고객은 아줌마가 아니다. 럭셔리한 사모님이다. 고객의 기분을 좋게 하여 구매 욕구를 촉진시키기 위해서라도 아줌마라는 호칭을 사용하지 않는다. '아줌마'라는 호칭이 비칭에 가깝기 때문에 중년 부인 자신에게는 그것이 어울리지 않는다고 생각한 나머지 불쾌해하는 것이다. 필자 역시 아줌마란 호칭이 달갑지 않았던 시기가 있었다. 그러나 세월의 흐름을 피할 수 없이 어느덧 스스로 아줌마임을 인정하게 되었다.

더 이상 세월이 주는 상급으로 승격된 호칭을 기뻐할 일은 아니다. 자신의 본질을 승격시켜야 한다. 보편적인 삶속에서 자연스럽게 이루어진 삶의 훈장에 만족할 것인가? 우리는 100세 시대를 럭셔리하게 만들어야 한다. 세월이 주는 호칭에만 변화가 있는 삶은 자기 자신의 삶을 가치 있게 가꾸었다고 보기는 어렵다. 전업주부의 일상에서도 충분히 럭셔리한 삶으로 개발할 수 있다.

주어진 복을 지키고 가꾸려는 노력이 필요하다

컴퓨터, 핸드폰 등 전자제품은 하루가 다르게 바뀐다. 2~3년이 지나면 그보다 몇 배 더 성능 좋은 것들이 즐비하다. 하지만 그런 편리함 속에서 우리는 예전보다 행복해 졌을까? 오히려 행복지수는 떨어지고 갖가지 병이나 중독현상이 일어나고 있다. 게

임중독, 우울증, 대인기피, 심각한 스트레스가 가중되고 있다.

오늘날 우리는 우리에게 주어진 복을 지속하기 위해 그것을 지키고 가꾸려는 노력이 필요합니다. 하지만 우리의 현실을 보면 우리에게 주어진 복을 지켜가기 어렵겠다는 생각을 하게 된다. 물질문명이 발달할수록 우리의 정신과 영혼은 쇠퇴해져 가고 있다. 또한 온갖 향락과 퇴폐, 불의와 부정, 도덕의 붕괴는 우리의 미래를 불안하게 한다. 우리는 어두운 세상을 비추는 밝은 빛이 되어야 할 것이다. 우리의 일은 어둡고 힘든 세상에 희망을 주는 것이어야 한다.

인생 2막은 럭셔리하게 살자

현대 경영학의 아버지로 유명한 피터 드러커는 자신이 쓴 39권의 책 대부분을 65세 이후에 출간했다. 그는 작가, 교수, 컨설턴트, 그리고 묘사한 '사회 생태학자'로서 오래 활동하였고, 2005년 95세로 세상을 떠날 때 까지 집필을 멈추지 않았다.

30대, 40대는 50대나 60대 보다 젊은이가 아닌가. 노후생활을 누가 책임져 주지 않을 것이기에 노년의 삶을 위해서는 미리 준비해야한다. 필자는 피터 드러커보다 행복한 사람이다. 훨씬 젊은 시절에 집필을 시작했으니 말이다. 이후 얼마나 많은 책을 쓸 수 있는지 기대하며 노력할 인생 2막을 축복한다.

　지금은 방송일로 부동산 관련 업무를 잠시 놓고 있지만, 은퇴 걱정 없는 자격증을 준비를 해 놓은 것은 참 잘했다는 생각이 든다. 필자가 공인중개사 공부를 시작한 때가 40대 중반이었다. 다행이 50대가 되기 전에 자격증을 취득했지만 적지 않은 나이에 공부를 하는 것이 결코 쉽지는 않았다. 그런 의미에서 한 살이라도 젊을 때 노후를 대비 했다는 측면에서 뿌듯하다.

당신의 노년을 럭셔리하게 보내려면 공부해야 한다

　대부분 노후대책의 핵심을 돈과 건강에 둔다. 중요하다 여유 있는 경제력은 노후를 걱정 없이 보낼 수 있는 가장 중요한 요건이다. 게다가 건강까지 유지한다면 가장 편안하게 여생을 누릴 수 있다. 건강을 위해 식단 조절하고 적당한 운동으로 체력을 유지하여, 신체 기능이 저하되는 때를 대비 한다.

　특히 가장 중요한 뇌의 건강을 대비해야 한다. 왜냐하면 뇌를 사용하는 사람이 그렇지 않은 사람보다 건강수명이 길어진다는 연구 결과가 있다. 그러므로 40대부터 60대까지 지속적으로 공부해야 한다. 공부야말로 어설픈 건강관리나 과도한 운동보다 더 오래 장수하는 비결이다.

그날을 위해 공부를 계속하고 자신만의 지식과 기술을 날마다 업데이트해야 한다. 정년 후에 창업을 해서 성공하는 케이스는 정년 후에야 부랴부랴 창업 강좌를 찾아다니는 사람이 아니라, 퇴직하기 전 오십대 혹은 그보다 더 빨리 사십대부터 미리 어느 정도 계획을 세운 사람이라고 한다.

젊다고 해서 창의력이 뛰어난 것은 아니다. 잠재능력이 높은 것도 아니다. 그것은 어디까지나 개인차다. 철인 플라톤은 50세까지 학생이었다. 소크라테스의 원숙한 철학은 70대 이후에 이루어졌다. 철저한 능력주의 나라인 미국에서는 나이가 많다고 해서 홀대받는 경우가 없고, 직원을 뽑을 때에도 연령을 제한하지 못한다. 우리나라도 노동인구가 격감하는 초 고령 사회 역시 이런 변화를 맞이하게 될 것이다. 고로 인생 2막을 철저하게 준비해야 한다. 제2의 전성기를 여유롭게 준비하는 지혜로운 자가 되자.

시간과 소중한 에너지를 허비하지 말자

'나이는 숫자에 불과하다'라는 말은 나이가 들어도 전혀 문제가 없다는 의미는 아니다. 나이다 들어도 의지와 노력이 플러스가 되면 젊은이 못지않은 결과를 얻을 수 있다는 말이다. 좋은 조건과 상황 속에서 젊은 열정을 발산하지 않고, 그럭저럭 살아가는 모습을 보면 참으로 안타깝다. 시간과 소중한 에너지를 허비하는 인생은 긍정적으로 보기 어렵다.

당신은 어떤 열정을 발산할 것인가?
무엇으로 럭셔리한 삶의 주인공이 되려는가?

필자는 삶에 창의력 바람을 일으킨 저명한 컨설턴트 전문 강사 어니 J 젤린스키의 말을 인용해보려고 한다.

"구름 낀 날에는 당신 자신만의 햇빛을 창출하라." 어찌할 수 없는 환경 속에서 대부분의 사람들은 상황이 회복되기를 기다릴 뿐 자신이 극복해 낼 열정을 발산하지 않는다. 주변 환경에 지배당하지 않으려면 댓가를 지불해야한다. 자신만의 독특한 에너지를 길러내야 한다.

당신 스스로가 자신을 럭셔리하게 대우하라

"매년 돌아오는 당신의 생일, 그 날은 무조건 하루 종일 스스로를 축하하라." 당신의 생일은 이 세상 어떤 날보다 의미 있는 날이다. 소중한 날을 축복하는 일은 자신이 가장 적극적이어야 한다. 새로운 카렌다를 받으면 자신의 생일부터 가장 먼저 빨간 펜으로 동그라미를 쳐라. 가족 모두 그 날을 잊지 않고 축하해 줄 것이다. 그 안에서 행복을 느끼며 가족애를 실감하게 될 것이다.

"잊어버릴 줄 알라. 잊을 줄 아는 것은 기술이라기보다는 행복이다." 새로운 에너지를 채울 공간을 비워둬라. 좋지 않은 과거로부터 스스로 자유하게 하라. 구속은 절대자에게 뿐 어느 무엇에게도 구속 받을 이유가 없다.

럭셔리한 인생의 주인공이 되는 일에 적극적인 눈을 떠야 한다. 아무도 대신할 수 없는 소중한 인생을 럭셔리하게 가꾸는 일은 당신의 특권이다.

인생 2막, 똑똑하게 관리하자

"용기를 내어 당신이 생각하는 대로 살지 않으면
머지않아 당신이 사는 대로 생각하게 된다."

– 폴 발레리의 말이다.

인생은 지금부터다. 항상 현재의 주인공은 나다

내가 없으면 아무 의미가 없다. 당당하고 활기차게 삶의 무대
에 서 있을 때 주인공의 위치에 있는 것이다, 경제적인 활동이
가장 왕성한 시기가 인생 2막의 시점이다.

과학 문명의 발달로 인간의 수명이 늘어나면서 퇴직 이후 삶에
대한 문제는 사회적인 측면에서 화두로 떠오르고 있다. 유산이 많
지 않은 이상 퇴직 후에는 누구나 창업을 고민한다. 그런 의도에
서 물론, 개인도 퇴직 이후 삶을 준비해야 하지만 거시적으로 봤

을 때 정부에서도 고령사회에 대한 대책 마련이 필요하지 않을까 하는 생각이 든다. 아무래도 50대에 퇴출되는 것은 너무 이르다.

장수시대를 일찍부터 준비하는 현명한 사람들이 점점 늘어가고 있다. 그동안 자녀교육에 치우쳐 재테크나 특별한 노후대책을 세우기가 버거웠던 젊은 날의 좌충우돌의 터널을 통과하고 나면 편안한2막이 시작된다. 건강관리에 시간과 돈을 들여야 한다. 100세 시대의 긴 여정을 건강하고 활기차게 보내려면 건강관리도 소홀해서는 안 된다.

가장 인내심을 발휘하지 못하는 영역이 운동하는 일이다. 필자는 그동안 헬스나 요가로 여러 번 운동을 시도했지만 장기간 지속하지 못했다. 운동에 흥미도 없었지만 시간을 내기가 어려웠다. 좀 더 부지런하고 열정이 있었다면 가능했겠지만 운동을 적극적으로 해야 하는 필요성을 느끼지 못하고 살았다. 건강과 앞으로 해야 하는 일을 위해서 운동을 필수적으로 병행해야함을 인식하게 되었다. 오랫동안 할 수 있는 골프를 시작한 것이다. 헬스장과 함께 운영하는 골프연습장 회원이 된 것이다. 체력적인 조건이 약하여 보완하기 위한 조치인 것이다. 자신의 취향에 따라 맞는 운동을 하나씩은 꼭 가지기를 바란다. 2막의 인생을 건강하고 활기차게 살기위하여 꼭 필요하다.

일과 건강을 만족시킬 수 있는 지혜로운 도시생활이 필요하다

일을 하는 사람이 그렇지 않은 사람보다 젊게 산다는 것은 누구나 수긍할 것이다. 도시에 사는 할머니보다 시골에서 농사짓고 사는 할머니가 더 건강하다. 농사일이 고된 작업이긴 하지만 자신의 육체적인 활동이 도시생활보다 활발하기 때문에 가능한 것이다. 맑은 공기와 자연친화적 삶이 건강한 삶으로 살기에 적합한 것이다.

"사람이 답이다."라는 멘트는 함축된 표현으로 여러 측면에서 해석할 수 있다. 사람이 중심이 되는 사회는 지구의 문명이 발달하면서 인간의 마음가짐 등 진정한 행복을 누리기 위한 실질적인 가이드라인을 담고 있다. 그래서 인생 2막을 준비하는 많은 사람들에게 길잡이 역할을 해줄 것으로 믿는다. 또한 대한민국의 40~50대가 은퇴 후 당당하고 활기찬 인생 2막을 열어나가는 데 지침서의 모델이 되어야 한다.

인생 2막의 아름다운 노후를 준비하는 일에 지혜가 필요하다

대다수 장년층은 스스로 이 문제를 해결하기 위해 방법을 만들어 내려고 노심초사하고 있다. 평균 연령 90세 시대가 사실상 도래 한 가운데 50대 은퇴자의 경우 나머지 40년 인생을 어떻게 꾸려나가야 할지는 매우 중요하고 현실적인 문제이다. 이런 고민에 대한 해결책을 찾는 마음에서 이 책을 읽어나간다면 많은 도움을 줄 것이다.

인생 2막 안정감 있는 노후에 필요한 것들을 생각하면서 현실적인 접근이 필요함을 느꼈다.

똑똑한 인생 2막 이렇게 준비하자

첫째, 국민연금

　　노후에 필요한 것 하면 누구나 국민연금을 떠올릴 것이다. 나라에서 시행하는 국민연금을 믿고 성실하게 납부하는 것이 일단 우리가 해야 할 가장 큰 노후준비이다. 국민연금을 체크하자.

둘째, 자신에 맞는 투자, 재테크하기

　　월급에 대한 전체적인 컨설팅을 해주는 개인 컨설팅 상담사와 이야기 하는 것도 좋은 방법이라고 생각한다. 본인에 맞는 단기, 장기적인 투자와 재테크 방법을 알 수 있기에 재무 컨설팅 상담사와 자신에 맞는 투자, 재테크하는 일은 지혜로운 노후 준비다. 노후에 많은 일을 하기 어렵기 때문에 미리 돈을 모아 놓거나 돈이 자동으로 돌고 돌아 수익이 나도록 하는 것이 중요하다. 자신만의 수익이 발생되는 방법을 생각해야 한다. 사용처에 따라 별도의 통장을 개설하는 방법도 추천하고 싶다.

셋째, 수익이 지속적으로 발생되는 수입원을 구축해야 한다.

예금, 적금에서 나오는 이자 혹은 주식, 채권 등을 통해 얻는 다양한 수익 그리고 부동산 매매나 월세 등이 일반적이다. 필자는 상가투자로 인한 임대 사업으로 지속적인 수익 발생을 기대하고 있다. 여력이 되는대로 임대사업은 확장시킬 것이다.

넷째, 자원봉사, 여가 생활을 가져서 자신만의 노후 안정감을 찾자.

나이가 들수록 여유를 찾아야 한다. 일이나 공부로부터 벗어난 자유로운 시간에 취미 활동을 갖기 바란다. 여가 시간에 일이나 공부를 하지 않았다고 해서 시간을 낭비했다고 할 수 없다. 오히려 잘 활용한 여가 시간은 생활의 활력소가 된다. 그 시간을 잘 활용하면 자신의 소질을 개발할 수 있으며, 심리적 정신적 건강관리에도 좋다. 필자도 자신의 소질을 개발하고 업그레이드 시키는 일에 지속적인 투자를 아끼지 않을 것이다.

  인생은 지금부터다. 인생 2막을 지혜롭게 준비하려는 당신에게
응원을 보낸다.

| 제 4 장 |

행복한 인생을 위한 인터미션 타임

기회 앞에 머뭇거리지 말자

"기회를 바라고 방법에만 의지하는 사람은
뒷전에만 남아 있는 법이다."

– 네즈비트의 말이다.

생각이나 공상보다 행동하는 자에게 기회가 찾아온다

기회란 무엇일까? 우리가 피하려고 해도, 마주치지 않으려고 해도 기회는 반드시 우리에게 찾아온다. 우리는 그 기회를 한 번에 알아보지 못하고 놓쳐버리곤 한다. 하지만 기회는 단 한번으로 그치는 것이 아니라 우리 인생에 몇 번은 더 찾아온다.

성공자들의 담화를 보면 공통점이 있다. 주어진 기회를 잘 선용했다는 이야기다. 기회를 찾기 위해 안간힘을 쓰는 모습이 아니라 주어진 자신의 삶을 성실하게 영위하다가도 우연히 새로운 정보를 직면할 때 물러서지 않는 꾸준함과 노력이 있었다는 것이다.

어느 순간엔 우리들도 그것이 기회임을 알게 된다. 하지만 그때도 어떤 사람들은 그 기회를 놓치고 만다. 그 이유는 어제 그것이 기회란 것을 알고 있지만, 손을 뻗어 잡기위해 움직이는 것조차 귀찮아했기 때문이다. 누구도 자신에게 찾아온 기회를 잡지 않고 싶은 사람은 없다. 하지만, 생각과 공상 만으로는 기회를 잡을 수 없다. 인생의 정답이 틀려도 말보다는 행동이다.

필자는 경영학 공부를 시작했다. 그동안 많은 일들을 하면서 부족함을 느꼈던 이유로 모 대학의 학점은행제를 수강 신청해서 전문 경영인의 지식을 겸비하고 있다.

젊은이들과 함께하는 수업시간은 그 자체로도 흥미롭다. 조별 과제를 준비하는 일에 아들 딸 같은 이들과 함께하는 일에 뒷전일 수 없다. 발표 자료 준비에 가장 적극적이다. 브리핑 담당이라 자료 숙지가 더 요구 되지만 충실하게 감당할 것이다.

주어진 기회를 머뭇거리는 일이 없는 성향이다. 진취적이고 도전적인 성향이라 때론 스스로에게 놀라기도 한다.

혹자들은 필자를 향해 그만 천천히 살라고 한다. 너무 바쁘게 살지 말라고 한다.

필자를 아끼는 마음에서 하는 충고라고 생각한다. 그런 말을 들을 때마다 고맙게 느껴지기보다 목표를 향해 질주하는 선수에게 원치 않는 장애물을 놓아버리는 것처럼 느껴진다. 오히려 힘이 빠지게 하는 마이너스의 영향을 받는 것이다.

살아 있는 한 끊임 없이 문제 앞에 놓여지고 그 문제들을 해결하며 살게 된다.

문제는 살아 있으므로 만날 수 있는 삶의 원동력이기도 하다. 문제를 피하려고 노력하면 위험 부담은 감소될 수 있을지언정 더 나은 삶의 결실을 기대하기 어렵다.

필자가 생각하는 행복한 인생을 위한 삶의 기준은 주어진 생활 속에서 최선을 다해 사는 것이다. 더불어 좀 더 적극적인 방법으로 자신의 능력을 키우는 일에 집중하는 것이다.

자신의 삶을 타인에게 의존하듯 살지 않아야 한다.

중년기 여성들의 대부분은 할 일이 없어 우울해하는 경우를 많이 본다. 그들을 보면 전문 지식인들도 있다. 그들은 자신이 갖춘 전문지식을 사회에 기여해야 할 필요성을 의식하지 못하는 경우가 많다. 세상에는 더 똑똑하고 탁월한 사람들이 많으니 그렇다는 것이다. 그렇다면 소수의 탁월한 재능꾼들만이 세상을 정복할 수 있단 말인가?

세상은 누구에게나 공평하게 주어진 무대다.

누구는 되고 누구는 안되고의 문제가 아니라 선택이 만들어 내는 결과 값이다.

남편이 성공했고 자녀가 좋은 대학에 갔으니 소임을 다 한 것이라고 위안하며 사는 수많은 중년기에 있는 여성들이 행복한 인생의 기준일 수 있다.

그렇다면 이후의 삶은 무엇을 위해 살 것인가?

남편의 성공스토리를 자축하는 일도 얼마간일 뿐이다. 자녀들은 20대가 되면 부모로부터 독립하기 위해 노력한다. 언제까지나 엄마 품에 존재하리라 보는가?

100세 시대의 가장 큰 관심은 노후를 어떻게 살 것인가에 맞춰지고 있다.

인공지능 로봇이 등장하고 스마트혁명의 시대에 급 물쌀에 휩쓸리듯 시간은 흐른다.

기회란 어떠한 일을 하는 데 적절한 시기나 경우를 말한다. 그런 의미에서 볼 때 나이 들수록 점점 많은 일들을 할 수 있는 기회를 상실하게 된다. 현재 나이가 어떻게 되는가? 자신이 어떤 일을 하는데 늦었다고 판단 될 나이인가? 경우에 따라서는 그럴 수 있다. 제한적인 기간이 정해진 일은 시기를 놓치면 기회라고 말하지 않는다. 기회를 놓치고 싶은 사람은 없을 것이다. 다만 기회를 기회로 분별하는 눈이 없는 것이다.

기회를 선용하는 행동 3 Tip

1. 깨어 있어야 한다.

   아무리 좋은 기회라도 놓치지 않으려는 노력이 있어야 한다. 기회는 준비된 자에 게 더 큰 행운을 가져다준다. 현실에 안주하는 나태함속에서는 기회를 분별할 눈이 어두울 수 있다. 깨어 있어야 한다. 그릇을 준비해야 한다.

2. 기회가 왔다고 생각한다면 붙잡아라.

   머뭇거리는 습관은 긍정적인 결과를 얻을 수 없다. 기회가 왔다고 생각 한다면 붙잡아라. 기회의 여신의 뒷머리는 대머리다. 망설이다 늦은 결단과 행동으로 얻을 수 있었던 좋은 결실을 상실하게 된다.

3. 선한 의도를 지녀라.

   기회는 선한 의도로 선한 사람들에게 닿아야 한다.

당신도 업적을 남길 수 있다

멕시코에 한 거리에는 아름다운 석상石像이 있는데, 그 석상 중앙 부분에 '불구하고'라는 비문이 새겨져 있다. 그 비문은 그 석상을 제조한 조각가를 기념하기 위해서 새겨졌다고 한다. 그 조각가는 그 석상을 만드는 도중에 불의의 사고를 당해 오른쪽 팔을 잃고 말았다. 그러나 그 조각가는 석성을 완성하기 위해서 왼손으로 끌질하는 법을 배웠다. 그리하며 마침내 왼손으로 석상 조각을 완성시켰다.

밀턴은 눈이 멀었음에도 불구하고 '실락원'을 썼으며, 베토벤은 귀가 멀었음에도 불구하고 작곡을 했다. 르느와르는 양손에 뉴머티즘이 걸렸음에도 불구하고 명화를 그렸다. 늙었음에도 불구하고, 배우지 못했음에도 불구하고, 가난함에도 불구하고, 많은 사람들이 어려움을 극복하여 오히려 남보다 뛰어난 업적을 남긴 일이 역사적으로 수 없이 많다.

필자의 글 어디에도 남보다 우월한 조건은 보이지 않는다. 평범한 시골 소녀가 어른이 되어 좌충우돌 살아온 이야기가 주를 이룬다. 어떤 사람이다 라고 단언하기에 아직 이르기에 한마디로 소개하는 일도 무척 망설여진다. 필자는 삶이 다하는 순간까지 수 없는 도전을 지속할 것이다. 때론 벅찬 꿈도 꾼다. 그러나 이 세상은 누군가의 꿈을 현실로 만들어 가는 과정에서 우리가 수혜를 입는다.

이 세상에 존재하는 한 삶의 이유가 살아 있어야 한다. 필자의 삶의 이유는 행복한 삶을 개척하는 것이다. 어제보다 오늘이 오늘보다 내일이 더 행복하고 더 성장 하는 일이라면 끊임없이 도전하고 배울 것이다.

주어지는 기회를 나에게 주어진 삶의 행복한 과제라고 생각한다면 기회를 흘려버리진 않을 것이다. 당신에게 놓여진 좋은 기회들이 반짝거리지 않는가?

당신의 인생 2막의 삶이 향기나는 삶이 되는 과정들일 것이다. 주저 앉아 낙담하지 말고 자리를 털고 일어나자. 하고 싶었지만 여러 가지 이유로 덮어 놓은 일이 있다면 과감하게 시도하라.

누구에게나 꿈이 있다

어떤 이는 과거에, 또 어떤 이는 현재에. 그러나 실제로 꿈을 실현하는 사람은 소수에 불과하다. 보통 사람들은 허덕거리며 시간과 정력만 낭비할 뿐 우리에게 주어진 금쪽 같은 시간을 그냥 흘려보내기 일쑤다.

물론 이미 오래전에 꿈을 실현한 사람도 있다. 그렇다면 우리는 왜 꿈을 실현하지 못했을까? 이상한 상사를 만나서? 대학을 나오지 못해서? 가정환경이 나빠서? 이도저도 아니면 운이 따라주질 않아서? 만나는 사람마다 영 시원치 않아서? 아니다. 대답은 간단하다. 생각을 법칙대로 활용하지 못했기 때문이다. 거꾸로 말하면 착실히 실현해나가고 있는 사람은 생각을 법칙대로 활용하고 있는 사람이다.

이 세상 어디든 원인과 결과의 법칙이 존재한다. 살아있는 모든 생물 그리고 자연현상에 이르기까지 이 세상에 존재하는 모든 것에는 이 원인과 결과의 법칙에 따라 움직인다. 다행이 인간은 자유의지로 꿈을 실현시키기 위한 원인을 일정 범위 내에서 만들 수 있다. 그것은 우리의 행동이며 그 행동을 일으키는 것이 바로 생각이다.

결과는 모든 생각의 산물이다

꿈을 이루지 못한 사람은 대개 이런 눈에 보이지 않는 본질은 거들떠도 보지 않고 업적, 지위, 명예, 고학력, 미모와 같은 눈에 보이는 것들에만 집착한다. 눈에 보이는 것에만 집착한 나머지 꿈을 실현시키기 위한 행동하기 전에 자신감을 상실한다. 그들은 사람을 부러워만 하면서 아까운 시간을 낭비한다. 당연히 꿈으로만 끝나고 만다.

당신이 지금보다 나은 인간이 되겠다는 의욕을 가지고 본질을 행동에 옮길만한 무엇인가를 생각해냈다면 이 순간이 바로 당신에게 주어진 절호의 기회다. 그런 기회를 하나하나 도전해 가길 바란다.

삶을 변화시키는 기회에 관한 7가지 명언

1. "어려움의 한가운데에 기회가 놓여 있다."
                                    - 알버트 아인슈타인

2. "비관주의자는 모든 기회에서 어려움을 보고, 낙천주의자는 모든 어려움에서 기회를 본다."
                                    - 윈스턴 처칠

3. "나는 행운이란 준비와 기회의 만남이라고 생각한다."
                                    - 오프라 윈프리

4. "단순히 내가 잃어버릴까 봐 두려워했기 때문에 잃어버린 것들이 얼마나 많은가."

- 파울로 코엘료

5. "밤에 꾸는 꿈은 당신의 삶으로부터의 도피이고, 낮에 꾸는 꿈은 그것을 현실이 되게 만드는 것이다."

- 스티븐 리처드

6. "실수란 없다. 오직 기회들만 있을 뿐."

- 티나 페이

7. "스승은 문을 열어준다. 하지만 반드시 당신 스스로 들어가야만 한다."

- 중국 속담

소중한 시간 아끼자

"인생의 절반은 우리가 서둘러 아끼려던 시간과 관계된
무엇인가를 찾는데 쓰인다."

– 윌 로저스의 말이다.

인생은 시간으로 구성된 생명의 드라마다

우리는 누구나 하루 1440분이라는 시간을 부여 받았다. 부여받은
시간을 지혜롭게 사용할 방법을 찾아야 한다. 당신은 여러 가지방법
으로 시간을 보낼 수 있다. 아무것도 안하고 있다 해서 시간이 멈춰
지는 것이 아니다. 시간은 흘러버리고 더 이상 돌아오지 않는다. 오
늘 주어진 시간은 오늘 소비해야 한다. 내일로 미룰 수 있다면 아끼
라는 말이 불필요하다.

필자는 특별히 아프지 않고는 낮잠으로 시간을 허비하지 않는

다. 아파서 누워있을 때 우울한 것은 아파서라기보다 아무것도 못하고 소중한 시간이 흘러간다는 사실이 우울하다. 물론 연약한 육신을 위해서는 가끔 쉼이 필요하다는 것은 변론으로 하고 말이다.

인생의 승리자가 되기 위해서는 시간의 요리사가 되어야 한다. 또한 경각심을 가지고 시간이라는 자산을 지켜야 한다.

어렸을 때는 어른이 빨리되고 싶었다. 자신의 판단대로 선택하고 실행하는 어른은 참 좋아 보였다. 특히 유년기에 시간의 더딤을 느꼈다. 빨리 커서 어른이 되고 싶었다. 그러나 지금은 유년기로 돌아가고 싶다. 너무 빨리 흐르는 시간이 아깝기 때문이다. 어느 순간부터 시간은 내리막길에 수레타고 가는 느낌이 들더니 점점 가속도가 붙어 일주일이 하루 같고 한 달이 일주일 같고 일년이 한 달 같은 느낌이다.

어째서 시간은 그렇게 가차 없이 흘러가 버리는 걸까? 이 세상에 시간보다 냉정한 것이 또 있을까? 아무리 그리워해도 시간은 떠나버리고, 어제의 기쁨이나 고통 속에 잠겨 있어도 시간은 이미 사라지고 없다. 그래서 필자는 어제를 후회하거나 내일을 동경하지 않고 오늘의 일을 완성하기 위해 노력한다.

우리는 모두 밝은 미래를 꿈꾸고 있다

인생을 헛되이 보내기를 바라는 사람은 아무도 없을 테니 말이다. 그렇다면 현재를 소중히 여기고 시간이 우리 곁에 머무르는 동안 시간을 움켜잡으려 노력해야 한다. 한가하게 서 있다가 "왜 나만 낙오되었지?"라고 한탄하는 것은 누구에게도 동정을 살 수 없다.

우리가 시간을 아껴야 하는 가장 중요한 이유는 좀 더 가치 있고 소중한 일에 시간을 투자하기 위해서다.

하루 종일 바쁘게 일했는데도 불구하고 맨날 그 자리에 있는 사람들은 똑같은 일상에서 벗어나지 못 하는 사람들이다. 그 똑같은 일상은 본인 스스로 노력을 하지 않아서 그런 면도 있지만 그 보다는 주변하고 관계에서 생기는 일이 더 많다.

모든 일에는 전문가가 있다

한동안 방송일로 분주하고 바쁘다는 핑계로 집안이 너저분하다는 생각이 뒷목을 땅기게 하였다. 물론 발코니 확장부분을 수리하는 과장에서 새롭게 정리정돈 할 필요성을 느낀 상황이었다.

집안일은 손을 대기 시작하면 끝이 없다. 결국 필자는 수리가 마치는 날 청소전문가를 요청하였다. 괜스레 집안 일하다가 손을 다치거나 몸에 무리가 되면 대체 불가능한 고유의 업무에 차질을 초래할까봐 내린 결정이다.

특히 전업 주부는 집안 일 전반을 두루 주부의 손을 거쳐야 하지만 집 안 일도 특별히 잘하는 전문가 들이 있다. 저자의 성격 상 한번 일을 시작하면 무리하여 몸이 지칠 때까지 하는 성격이다. 때문에 몸살이 나서 눕게 되고 영양제를 맞아야 회복되는 일이 종종 있다.

이제는 어떤 문제 앞에서 판단을 한다. 누가 해야 효율적인가 생각하여 좀 더 능숙하게 잘하는 사람이 그 일을 하도록 한다. 필자의 이러한 지혜로운 생활태도는 건강을 위해서도 매우 효과적이다. 무엇보다 시간을 아끼고 적절하게 대응하는 훈련은 완벽주의의 성향을 지녔던 젊은 날의 미련함과 오만함을 내려놓고 부터다. 나 아니면 안 된다는 생각은 스스로를 힘들게 하고 삶을 지치게 만드는 안 좋은 태도다.

소중한 일에 시간을 집중시키자

우린 지혜롭게 시간을 활용해야 한다. 그러나 현실에서는 그러지 못한 상황이 훨씬 많다. 경제적, 시간적 여유가 더 많지 않은 사람이 더 많고 그 사람들은 주변 사람들을 챙겨야 하는 경우도 더 많다.

지금보다 나은 삶을 살기 위해 시간을 투자해야 한다면, 지금의 삶의 테두리에서 적극적으로 벗어나야 한다. 잠을 줄이거나 남들 밥 먹을 때 자기만의 일을 한다거나 그런 노력이 있어야만 지금에서 벗어날 수 있다. 소중한 일에 시간을 쏟자.

시간을 관리하면 새로운 해법이 보인다

우리는 '해야 하는 일'에서 '하고 싶은 일'로 많은 사람이 시간을 소비하려고 돈을 쓴다. '정말로 해야 할 일'은 그 누구도 가르쳐주지 않는다. 자신의 행동을 되돌아보고 가장 좋은 방법을 찾아야 한다.

시간은 금이다!
늘 바쁘게 사는 현대인의 시간을 잘 관리할 방법을 알아보자.

[시간 관리 5가지 TIP]

1. 미리 준비하기

   다음날 외출 계획이 있으면 미리 옷과 준비물을 준비해 놓
   아야 시간을 줄일 수 있다. 당일 아침에 예정보다 늦잠이라
   도 잔다면, 허둥대다 약속시간을 놓치게 된다.

2. 메모 습관화

   아이디어나 영감이 떠오른다면, 간단하게 메모를 해두는 것
   이 좋다. 필자는 스마트폰 기능을 활용하여 메모하거나 지속
   적인 자료 보관을 요하는 것은 따로 전용밴드를 만들어서
   필요할 때 활용한다.

3. 예약 습관화

   영화관이나 대중교통, 식당을 이용할 때 미리 예약을 해두
   면, 기다리는 시간과 비용을 크게 절약할 수 있다. 최근엔
   유용한 앱이 많이 있어 잘 활용하면 편리하게 일상생활을
   할 수 있다.

4. 오전은 사적인 볼일 보기

   병원, 미용실 등 개인적인 볼일은 오전 중에 처리하는 것이
   좋다. 오후보다 손님도 적어 상대적으로 기다리는 시간을

최소화할 수 있다.

5. 빨리 잠들기

현대인들의 불면증은 건강뿐 아니라 다음날 일과에도 영향을 끼쳐 효율적인 시간활용에 또 다른 방해요인이 된다. 최대한 빨리 잠들 수 있는 요령과 환경을 마련해두는 것이 좋다.

시간을 지혜롭게 사용하라! 그러면 당신은 충분한 보상을 받게 되며, 멋진 인생이 기다릴 것이다.

우울증 벗어 버리자

> "우리에게 행복을 주는 의무만큼
> 우리가 소홀히 대하는 의무도 없다."
>
> – 로버트 루이스 스티븐슨의 말이다.

인생을 바라보는 마음의 날씨를 체크하자

때론 센티해지는 기분, 차분해지는 날, 아무것도 하고 싶지 않은 날, 외출이 귀찮은 날, 식욕이 떨어져서 배고픔을 느끼지 못하는 날 이런 날들이 전혀 없을 수 는 없다. 특히 여성의 특별한 날에 우울증을 느끼곤 한다. 이럴 땐 어쩔 수 없는 상황이니 쉬는 편이 좋다. 천진난만한 어린아이들을 보면 저절로 생기가 돌고 미소가 핀다. 그렇다 어른들이 느끼는 심리적인 감정은 천진난만 하지 않아서다. 어떻게 하면 우리 삶을 천진난만하게 살면서 기쁘고 행복하게 살 수 있을까.

생활 속에 일어날 수 있는 수많은 사건 사고와 갈등은 우리를 불안과 의욕 상실을 경험하게 하는 부정적인 요인들이다. 우리 주변을 긍정적인 요인들로 채우기 위한 노력이 필요하다는 것이다. 그러한 감정이 깊어지면 우울증으로 발전하는데 우리가 행복감을 방해하는 가장 큰 적은 우울증이다.

우울증으로부터 자유로울 수 있다면 훨씬 삶은 풍요롭고 행복하게 살 수 있다

우울증, 즉 우울장애는 감정, 생각, 신체 상태, 그리고 행동 등에 변화를 일으키는 심각한 질환이다. 우울장애는 한 개인의 전반적인 삶에 영향을 주게 된다. 신경전달 물질이라 불리는 뇌 안의 물질이 감정 등의 뇌 기능과 연결이 되어 있고 우울증 발생에 역할을 하는 것으로 본다. 호르몬 불균형도 하나의 원인이 될 수 있다.

자신을 둘러싸고 있는 환경도 우울증 발생에 영향을 줄 수 있다. 이런 환경적 요인은 삶에 있어서 대처하기 어려운 상황들인데, 사랑하는 사람을 잃는 것, 경제적 문제, 그리고 강한 스트레스 등을 예로 들 수 있다.

얼마 전 지인 중 한 사람은 사업상 스트레스와 우울증으로 심한 고통을 경험했다는 이야기를 들었다. 그는 가족과의 이별을 통보하고 삶을 정리하는 과정도 겪었다고 하였다. 그의 이야기를 들으며 힘겨웠을 당시를 연상하게 되어 잘 극복한 그들 대견한 시선으로 바라봤다.

그가 우울증에서 해방될 수 있었던 것은 가족의 따뜻한 관심과 사랑이 가장 큰 영향을 받았다고 하였다. 그는 지인의 권유로 새로운 창업을 하면서 감당하기 어려운 심한 정신적인 고통을 잊을 수 있게 되었고, 거의 완치되었다고 하였다.

우울감과 삶에 대한 흥미 및 관심 상실이 우울증의 핵심 증상이다

우울증의 가장 심각한 증상은 자살 사고로, 우울증 환자의 2/3에서 자살을 생각하고 $10 \sim 15\%$에서 실제로 자살을 시행한다. 일부 우울증 환자는 자신이 우울증인 것을 알지 못하고 일상생활에서 상당히 위축되어 기능이 떨어질 때까지도 자신의 기분 문제에 대해 호소하지 않는다. 필자의 지인의 경우 한 동안 자신의 속마음을 털어 놓지 않은 시기가 있었다. 안타까운 마음으로 기다렸기에 정상적인 생활을 하는 그의 건강한 모습이 감사하다.

우울증 환자의 4/5 정도가 수면 장애를 호소하는데 특히 아침까지 충분히 잠을 못 이루고 일찍 깨거나 밤사이 자주 깨는 증상을 보인다. 많은 환자가 식욕감소와 체중저하를 보이는데 일부 환자는 식욕이 증가하고 수면이 길어지는 비전형적 양상을 보이기도 한다.

수면 양도 우울증에 영향을 준다

수면 장애를 평생 달고 사는 사람이 있다. 낮에는 정상적인 생활을 하는데 밤마다 쉽게 잠들지 못하여 수면시간이 평균 2~3시간 정도밖에 안 된다고 하였다. 그는 온갖 방법을 다 동원하여 치료를 받았지만 특별하게 호전되지 않았다고 한다.

교회 사역할 때 부모의 이혼 이후 심각한 우울 증상을 보이는 여학생이 있었다. 그는 남자 친구와 교제를 하였는데 부모의 빈 자리를 남자 친구를 통해 존재감을 가지려했던 학생이었다. 그러나 여전히 불안정한 모습을 보여 왔고, 수면장애까지 경험하면서 수면제를 복용하였다.

그의 부모와의 접촉을 시도하고 지속적인 관리를 하여 병원을 동행하여 치료 받을 수 있도록 도와주었다. 안정감을 주려고 긍정적인 사고의 전환을 유도하다보니 조금씩 밝아졌다. 그는 특수 학교에 입학하여 잘 적응하게 되었다는 연락을 받았다. 필자는 이일을 계기로 심리상담 공부를 하게 되었다. 누군가 심리적 정신적인 어려움을 호소할 때 좀 더 효과적인 상담을 하리라는 사명감으로 공부했다.

다양한 질환이 우울증과 연관성이 있으므로 환자 증상에 따른 정밀검사가 필수적이다

미국 정신 의학회가 2013년 개정 한 정신질환 진단 기준은 다음과 같다.

다음의 증상 가운데 5가지(또는 그 이상)이 2주 연속으로 지속되며 이전의 기능 상태와 비교할 때 변화를 보이는 경우, 증상 가운데 적어도 하나는 우울 기분이거나, 다른 하나는 흥미나 즐거움의 상실이어야 한다.

(1) 하루 중 대부분 그리고 거의 매일 지속되는 우울 기분에 대해 주관적으로 보고(예, 슬픔, 공허함 또는 절망감)하거나 객관적으로 관찰됨(예, 눈물 흘림)

(2) 거의 매일, 하루 중 대부분, 거의 또는 모든 일상 활동에 대해 흥미나 즐거움이 뚜렷하게 저하됨.

(3) 체중 조절을 하고 있지 않은 상태에서 의미 있는 체중의 감소(예, 1개월 동안 5% 이상의 체중변화)나 체중의 증가, 거의 매일 나타나는 식욕의 감소나 증가가 있음

(4) 거의 매일 나타나는 불면이나 과다수면

(5) 거의 매일 나타나는 정신운동 초조나 지연

(6) 거의 매일 나타나는 피로나 활력의 상실

(7) 거의 매일 무가치감 또는 과도하거나 부적절한 죄책감(망상적일 수도 있는)을 느낌

(8) 거의 매일 나타나는 사고력이나 집중력의 감소, 또는 우유부단함

(9) 반복적인 죽음에 대한 생각, 구체적인 계획 없이 반복되는 자살사고, 또는 자살시도나 자살 수행에 대한 구체적인 계획.

위 정신상태 검사로 우울증이 의심되면 우선 우울증을 일으킬 수 있는 다른 질환에 대한 감별 진단이 우선시 되어야 한다는 것이 전문가의 조언이다.

갑상선 기능 저하 증 등의 내분비 질환과 같은 내과질환에 대한 감별이 필요하고 뇌졸중과 같은 신경과적 문제에서도 우울증이 발생할 수 있다.

입증된 예방법은 없으나 스트레스 조절, 위기의 시간에 교우 관계, 사회적 지지 등이 도움이 될 수 있다. 가장 중요한 것은 악화되기 전 초기 증상 때 치료를 받는 것이다. 재발 예방에 있어서도 전문가에게 적절한 치료를 유지하는 것이 매우 중요하다.

술이나 담배, 불법적 약물 등은 우울 증상을 악화시키므로 피해야 한다. 신체적 활동과 운동이 우울 증상을 감소시키는 것으로 보고하고 있다. 그러므로 걷기, 조깅, 수영 등 자신이 즐길 수 있는 운동을 할 것을 권장한다. 우리 눈에 보이지 않지만 우리의 건강과 행복을 침범하는 요소들을 적극적으로 제거해야 한다. 우울증은 날려버리고 행복을 찾는데 고수가 되어, 소중한 인생 멋지게 그려가자.

아래 우울척도 자가진단 테스트를 해보자! 자신의 마음 상태를 알면 치유가 쉽다.

자가진단 챕터

벡 우울척도 (BDI: Beck Depression Inventory)

다음 글을 잘 읽어보고 4개의 문항 중 요즈음 자신에게 가장 적합하다고 느끼는 문항의 번호를 ( )안에 써 넣으시오.

( ) 1. ⓪ 나는 슬픔을 느끼지 않는다.

① 나는 항상 슬프고 그것을 떨쳐버릴 수 없다.

② 나는 슬픔을 느낀다.

③ 나는 너무나도 슬프고 불행해서 도저히 견딜 수 없다.

( ) 2. ⓪ 나는 앞날에 대해서 특별히 낙담하지 않는다.

① 나는 앞날에 대해서 별로 기대할 것이 없다고 느낀다.

② 나는 앞날에 대해서 기대할 것이 아무것도 없다고 느낀다.

③ 나의 앞날은 암담하여 전혀 희망이 없다.

( ) 3. ⓪ 나는 실패 감 같은 것을 느끼지 않는다.

① 나는 다른 사람들보다 실패의 경험이 더 많다고 느낀다.

② 나의 살아온 과거를 뒤돌아보면, 나는 항상 많은 일에 실
패를 했다.

③ 나는 한 인간으로서 완전히 실패했다고 느낀다.

( ) 4. ⓪ 나는 전과 다름없이 일상생활에서 만족하고 있다.

① 나의 일상생활은 전처럼 즐겁지가 않다

② 나는 더 이상 어떤 것에서도 실제적인 만족을 얻지 못한다.

③ 나는 모든 것이 다 불만스럽고 지겹다.

( ) 5. ⓪ 나는 특별히 죄의식을 느끼지 않는다.

① 나는 많은 시간 동안 죄의식을 느낀다.

② 나는 대부분의 시간 동안 죄의식을 느낀다.

③ 나는 항상 죄의식을 느낀다.

( ) 6. ⓪ 나는 내가 벌을 받고 있다고 느끼지 않는다.

① 나는 내가 벌을 받을지도 모른다고 느낀다.

② 나는 벌을 받아야 한다고 느낀다.

③ 나는 현재 내가 벌을 받고 있다고 느낀다.

( ) 7. ⓪ 나는 내 자신에 대하여 실망하지 않는다.

① 나는 내 자신에 대하여 실망하고 있다.

② 나는 내 자신을 역겨워하고 있다.

③ 나는 내 자신을 증오한다.

( ) 8. ⓪ 나는 내가 다른 사람보다 못하다고 생각하지 않는다.

① 나는 나의 약점이나 실수에 대하여 내 자신을 비관하는 편이다.

② 나는 나의 잘못에 대하여 항상 내 자신을 비난한다.

③ 나는 주위에 일어나는 모든 잘못된 일에 대하여 내 자신을 비난한다.

( ) 9. ⓪ 나는 자살할 생각 같은 것은 하지 않는다.

① 나는 자살할 생각은 하고 있으나, 실제 실행하지는 않을 것이다.

② 나는 자살하고 싶다.

③ 나는 기회만 있으면 자살하겠다.

( ) 10. ⓪ 나는 전보다 더 울지는 않는다.

① 나는 전보다 더 많이 운다.

② 나는 요즈음 항상 운다.

③ 나는 전에는 자주 울었지만, 요즈음은 울래야 울 기력조
차 없다.

( ) 11. ⓪ 나는 전보다 화를 더 내지는 않는다.

① 나는 전보다 쉽게 화가 나고 짜증이 난다.

② 나는 항상 화가 치민다.

③ 전에는 화를 내게 했던 일인데도 요즈음은 화조차 나지
않는다.

( ) 12. ⓪ 나는 다른 사람에 대한 흥미를 잃지 않고 있다.

① 나는 다른 사람들에게 흥미를 덜 느낀다.

② 나는 다른 사람들에 대하여 거의 흥미를 잃었다.

③ 나는 다른 사람들에 대하여 완전히 흥미를 잃었다.

( ) 13. ⓪ 나는 전과같이 결정하는 일을 잘 해낸다.

① 나는 어떤 일에 대해 결정을 못 내리고 머뭇거린다.

② 나는 어떤 결정을 할 때 전보다 더 큰 어려움을 느낀다.

③ 나는 이제 아무 결정도 내릴 수가 없다.

(　) 14. ⓪ 나는 전보다 내 모습이 나빠졌다고 느끼지 않는다.
    ① 나는 내 용모에 대해 걱정한다.
    ② 나는 남들에게 매력을 느끼게 할 용모를 지니고 있지 않다.
    ③ 나는 내가 추하고 불쾌하게 보인다고 생각한다.

(　) 15. ⓪ 나는 전과 다름없이 일을 잘 할 수 있다.
    ① 어떤 일을 시작하려면 전보다 더 힘이 든다.
    ② 어떤 일을 시작하려면 굉장히 힘을 들이지 않으면 안 된다.
    ③ 나는 너무 지쳐서 아무런 일도 할 수가 없다.

(　) 16. ⓪ 나는 전과 다름없이 잠을 잘 잔다.
    ① 나는 전처럼 잠을 자지 못한다.
    ② 나는 전보다 한두 시간 빨리 잠이 깨며, 다시 잠들기가
       어렵다.
    ③ 나는 전보다 훨씬 빨리 잠이 깨며, 다시 잠들 수가 없다.

(　) 17. ⓪ 나는 전보다 더 피곤하지 않다.
    ① 나는 전보다 더 쉽게 피곤해진다.
    ② 나는 무슨 일을 하든지 곧 피곤해진다.
    ③ 나는 너무나 피곤해서 아무 일도 할 수가 없다.

(   ) 18. ⓪ 내 식욕은 전보다 나아지지 않았다.
         ① 내 식욕이 전처럼 좋지 않다.
         ② 내 식욕은 요즈음 매우 나빠졌다.
         ③ 요즈음에는 전혀 식욕이 없다.

(   ) 19. ⓪ 요즈음 나는 몸무게가 줄지 않았다.
         ① 나는 전보다 몸무게가 줄은 편이다.
         ② 나는 전보다 몸무게가 많이 줄었다.
         ③ 나는 전보다 몸무게가 너무 많이 줄어서, 건강에 위협을
            느낄 정도이다.

(   ) 20. ⓪ 나는 전보다 건강에 대해 더 염려하지는 않는다.
         ① 나는 두통, 소화불량 또는 변비 등의 현상이 잦다.
         ② 나는 내 건강에 대하여 매우 염려하기 때문에 제대로 일
            을 하기가 어렵다.
         ③ 나는 내 건강에 대하여 너무 염려하기 때문에 다른 일을
            거의 생각할 수가 없다.

(   ) 21. ⓪ 나는 요즈음도 이성에 대한 관심에 변화가 없다고 생각한다.
         ① 나는 이전보다 이성에 대한 흥미가 적다.
         ② 나는 요즈음 이성에 대한 흥미를 상당히 잃었다.
         ③ 나는 이성에 대한 흥미를 완전히 잃었다.

- 점수의 범위 : 0~63점
- 9점 : 우울하지 않은 상태 · 10~15점 : 가벼운 우울 상태
- 16~23점 : 중한 우울 상태 · 24~63점 : 심한 우울 상태

일반적으로 16점 이상이면 우울증을 의심해볼 수 있다. 그러나 이 점수만으로 우울증의 진단이나 경중을 판단하는 것은 한계가 많다. 아래의 기준을 참조하되 점수가 높게 나온 경우에는 전문가와의 면담이 도움이 될 것이다.

항상 밝게 웃자

"호탕한 웃음과 충분한 수면이 최고의 치료제다."

– 아일랜드 속담이다.

웃음은 진정한 '최고의 약'으로 우리 모두가 실천해야 하는 습관이다

필자는 명랑한 사람을 좋아한다. 어렸을 때부터 명랑한 성격의 친구들을 가까이 했다. 항상 호탕하게 웃을 줄 아는 사람과 함께 있기를 힘쓴다. 항상 뚱한 사람과 같이 있는 것만큼 재미없는 일이 있을까? 누구나 투덜거리며 부정적인 말을 많이 하는 사람을 선호하지는 않을 것이다.

필자는 잘 웃는 편이 아니다. 아니 원래 아기 때는 항상 방실방실 했다고 한다. 자라면서 환경의 영향을 받은 탓인지 차분한 성격이 되었다. 중학생 때 일이다. 명랑하고 쾌활한 친구들과 어울리다보니 밝게 웃는 모습이 좋아 보여 저절로 따라 웃게 되었다. 깔깔대며 큰 소리로 웃는 모습을 보신 어머니께서 "여자가 무슨 웃음을 그렇게 웃느냐"며 나무라셨다. 그때부터 어머니 말씀을 따르다보니 의식적으로 큰 웃음은 사라졌다. 당시 어머니는 웃음자체를 단속하신 것은 아니지만 웬만하면 웃지 않으려는 습관은 다소 차가운 이미지가 되고 말았다.

나이 40이 되면 자기 얼굴에 책임져야 한다는 말을 듣고부터 자신도 모르게 거울을 자주 보게 되었다. 거울을 보며 이미지를 살핀다. 표정이 밝지 않은 날은 의식적으로 미소를 지어본다.

자아형성이 되고 성인이 된 후부터는 그냥 편한 사람 앞에서 무장해제하고 잘 웃기도 하지만 아직도 의식을 많이 하는 성격이다. 개선해보려고 의도적으로 밝은 성격의 소유자들과 친구를 삼는다. 웃음은 전염성이 강하기 때문에 함께 있으면, 따라 웃게 되고 유쾌해지는 걸 경험하게 된다.

인생의 중심에 서 있는 그대들이여! 웃으며 삽시다

당신이 웃는다면 옆에 있는 사람도 웃을 것이고, 그만큼 더 행복한 기분을 느낄 수 있을 것이다.

하커 L. Harker와 켈트너 D. Keltner는 미국 한 대학교의 32~
34년 전 졸업 앨범에 실린 여성들의 단 한 장의 사진에 나타난
미소가 현재 생활에 어떤 영향을 미치는가를 연구 했다. 그 결과
사진에서 활짝 웃는 여성들이 얼굴의 예쁨과는 관계없이 결혼 생
활에서 더 행복했고, 이혼을 덜 했으며, 사회적으로 더 활동적이
다. 따라서 웃는 얼굴 하나만으로도 많은 것을 예측할 수 있다.

다른 사람과 같이 웃으면 훨씬 더 많이 웃을 수 있다

억지 웃음도 기쁨에서 저절로 나오는 웃음처럼 좋은 효과를 본
다. 그래서 요즘에는 병원뿐만 아니라 직장에서도 웃음 치료를
많이 하는 걸 볼 수 있다.

웃음치료 연구 결과를 살펴보면, 웃음이 건강에 미치는 영향을
보면, 감기 예방이나 얼굴 피부 탄력 개선에서부터 혈압 강하, 혈
액 순환 개선, 혈당 강하, 통증 완화는 물론 웃음은 암을 치료하
는 데도 도움을 된다고 한다. 웃음치료는 부작용이 없고 전염성
이 강하다고 하니 기회가 되면 웃음 치료를 받아보는 것도 권장
할 만하다.

스스로 거울을 보며 웃는 표정을 지어도 즐거워진다

눈을 살짝 감으면서 눈초리를 옆으로 약간 내리고, 입은 최대한 옆으로 벌리고 입 꼬리를 약간 올리면 된다. 진정한 미소처럼 눈초리를 내리고 입 꼬리를 올리는 것은 쉽지 않지만, 눈을 살짝 감는 것이나 입을 옆으로 벌리기만 해도 즐거워진다.

최근까지 웃음의 치료 효능이나 마음의 정화능력이 과소평가되어 왔다. 심리학자 윌리엄 제임스William James는 "행복하기 때문에 웃는 것이 아니라 웃기 때문에 행복한 것이다."라고 정신적 작용을 강조했다.

카타르시스catharsis 정신치료는 감정적인 고통을 치유하는 주요 정화과정으로 웃음을 강조하고 사용하는데, 웃음은 특정한 위협이나 스트레스 상황에 압도당하지 않고, 사고를 명료하게 하는 것을 도와준다고 한다.

안전과 건강을 위협하는 상황에서 웃음은 관련된 불안을 해소하고, 불편 감을 감소시켜 준다. 예들 들면, 심각한 질병에 걸린 많은 사람들이 웃음을 통해서 삶을 즐기면서 죽음의 가능성을 직접적으로 직면할 수 있게 되곤 한다.

웃음은 우리 몸에 유익한 생리적 작용을 한다

스트레스가 오래 지속될 경우 위험한 생리적 변화가 야기되는 것은 잘 알려져 있다. 스트레스 상황에서 코티솔 (cortisol) 수준과 혈압이 올라가고 맥박수가 증가하는데 웃음은 코티솔 수준을 낮추고 면역계를 촉진하여, 스트레스에 의한 면역억제 작용을 상쇄한다.

웃음은 카테콜아민(catecholamine)이나 엔도르핀(endorphin)처럼 사람들을 활기차고 건강하게 하는 물질의 분비를 증가시킨다는 연구 결과를 점검해 보자. 그 외 웃음의 생리적 효과는 아래와 같다.

- 혈압을 안정화
- 폐 속 잔류 공기를 감소시킴
- 혈액 내 산소 화를 증가시킴
- 말초 순환의 증가로 피부 온도의 상승
- 소화를 촉진
- 근육에 산소 공급을 증가시킴
- 근 긴장을 완화시킴
- 베타 엔도르핀beta-endorphin과 같은 신경펩타이드 neuropeptide
  의 분비로 통증을 감소시킴

웃음은 심혈관 및 호흡기 질환에 긍정적인 효과를 발휘한다

웃음은 최상의 근 이완 효과를 가지고 있는데, 1회의 거리낌 없는 웃음 후에 근육 이완 반응은 45분까지 지속될 수 있다고 한다.

웃음이 건강에 좋고, 사람들을 주변에 불러 모은다는 데에는 의심할 여지가 없다. 뿐만 아니라 즐겁게 일한 일에 성공할 가능성도 높아진다. 예전엔 마지막에 웃는 자가 승자라고 했지만 요즘에는 웃으면서 일하는 사람이 최종 승자가 된다.

매사에 좀 더 재미를 느끼고 최대한 많이 웃겠다고 마음을 먹자. 다른 사람에게 긍정적이고 유쾌한 에너지를 발산하도록 조력자가 되어보자. 즐거운 마음은 스스로 만들어내는 명약 중의 명약이다.

웃음으로 자신의 삶 전반에 유쾌한 에너지로 가득 채우자

먼저 마음 문 열자

"사람의 마음은 거칠고 격렬한 충격을 가하지 않더라도
쉽게 감동할 수 있다."

– 윌리엄 워즈워스의 말이다.

먼저 내 마음의 문을 열면 모두가 소통하게 된다

행복은 멀리 있는 것이 아니라 지금 내 곁에 있는 분들과 잘
소통하는 것 그것이 행복이다. 그런데 우리네 세상은 통하지 않
고 모두가 막혀있다. 모두 마음의 문을 닫고 있기 때문이다. 나와
내 가족은 물론 세상을 위해 기뻐하고 슬퍼하는 마음을 갖는 사
람 그런 사람이 바로 성인이다. 먼저 내 마음의 문을 열고 나 자
신과 잘 통하고 내 가족과 잘 통하고 내가 사는 세상과 잘 통하
면 될 것이다.

막막한 마음, 외로운 마음, 어떻게 표현해야 할지도 모를 만큼 깊은 마음의 병을 안고 힘들어하는 현대인들이 많다. 시간이 오래 흘러, 감정이 무뎌지고 익숙한 대로 살고 있을 뿐 여전히 응어리를 품고 사는 심리적 약자의 모습이다.

사람의 뇌의 무게는 보통 1500g정도다. 우리 체중의 사십 분의 일이 뇌의 무게다. 그런데 우리 뇌세포는 50세가 넘으면 하루에 10만개 이상씩 뇌세포가 감소된다고 한다. 특히 고민을 많이 하고 걱정을 많이 하는 사람은 뇌세포가 많이 감소한다고 한다. "나는 혼자다, 나는 고독하다"고 생각하는 사람은 뇌세포가 더 많이 감소되지만, "나는 혼자가 아니다. 나는 자녀가 있고 가정이 있다."고 감사하는 사람의 뇌세포는 왕성하다고 한다.

마음의 빗장을 열어야 행복한 삶을 살아갈 수 있다

마음에 훈풍이 불어오게 마음의 문을 열어라. 자신을 힘들게 하는 마음에 소심함을 내보내라. 대범해져야 한다. 평온하고 만족한 삶을 누리기 위한 현명한 선택이다.

평창 동계올림픽 개막을 2주 앞두고 급조된 여자 아이스하키 남북 단일팀의 조직력에 대한 우려의 목소리가 높았다. 이때 남북 단일팀으로 세계정상에 올랐던 '탁구 전설' 현정화 감독이 "남북 선수 모두 마음을 열어야 한다."고 조언했다. 현정화 감독은 1991년 세계탁구선수권을 한 달 남겨놓고 구성된 단일팀 소속으로 세계최강 중국을 꺾고 우승했다.

그는 한 기자와의 인터뷰에서 "개인 종목이 아닌 합심해서 해야 하는 단체 종목이잖아요. 서로 마음의 문을 활짝 열고 서로 서로한테 배려심이 있어야 한다고 생각해요."라며 지금은 힘들지라도 어느 순간 말로는 표현하지 못할 감정을 느끼게 될 것이라며 옅은 미소를 지으며 선수들의 마음 자세를 다독여줘 줬다. 현 감독은 '언니'라는 말로 북한 리분희와의 벽을 허물었다며 27년 전 비화를 전하기도 했다는 후문이다.

정 호승 시인의 '창문'에서 보면 우리 마음을 빗대어 잘 표현 되었음을 알 수 있다.

창문 / 정호승

창문은 닫으면 창이 아니라 벽이다
창문은 닫으면 문이 아니라 벽이다
창문이 창이 되기 위해서는
창과 문을 열어놓지 않으면 안 된다

나는 세상의 모든 창문이
닫기 위해 만들어진 게 아니라
열기 위해 만들어졌다는 것을
아는 데에 평생이 걸렸다

지금까지는
창문을 꼭 닫아야만 밤이 오는 줄 알았다
많은 사람들이 창문을 열었기 때문에
밤하늘에 별이 빛난다는 사실을 알지 못했다

이제 창문을 연다
당신을 향해 창문을 열고 별을 바라본다
창문을 열고 나를 향해 손을 흔드는
당신의 모습이 보인다

먼저 마음을 열자

마음을 훈련시키는 내적 갈등의 대부분은 인생을 통제하고자
하는 욕망과 지금과는 다른 식으로 변해야 한다는 생각에서 비롯
된다. 하지만 인생이 항상 자신이 원하는 방향으로만 흘러가는
것은 아니다. 아이들의 불평이나 배우자의 반대 의견에 부정적으
로 대응하기 보다는 마음을 열고 그 순간을 있는 그대로 받아들
이자.

일상생활에 어려움 속에서 마음을 여는 법을 터득한 사람에게는 자신을 괴롭혔던 많은 문제들이 더 이상 골치 아픈 존재가 아닌 것이다. 오히려 마음에 눈이 더 깊고 투명해진다. 불편한 감정이 침투되는 순간에 충실하고 있는 그대로를 수용하고 만족한다면 따뜻하고 평화로운 감정이 찾아들 것이다.

우리는 보통 마음의 창을 열고 세상의 이치와 사물을 내다본다. 이 시대 어두운 곳이나 불우한 곳이나 모두 따뜻한 마음으로 활짝 가슴을 열고 보면 알지 못했던 밝은 빛의 세상을 연다는 뜻이라 본다. 이제 닫힌 마음의 창을 열고 세상의 문을 열어 보자. 어떤 방법이든 소통하기 위한 노력은 마음을 먼저 열어야 가능하다. 더 이상 주저하지 않아야 한다. 소중한 시간이라는 선물을 놓칠 수 있다. 소통, 화통, 능통, 형통 삶이 행복한 삶이며, 성공한 삶이다.

행복을 조성하자

> "행복을 얻기 위해 온 세상을 헤매고 있지만,
> 행복은 바로 손을 뻗기만 하면 있다."
>
> — 호라티우스의 말이다.

행복한 인생의 주인공은 자기 자신이어야 한다

당신이 어떤 일을 하든지 기쁨과 성취를 맛보는 삶이어야 한다. 우리가 알고 있는 행복은 대부분 눈에 보이는 것에 치중되어 있는 경우가 많다. 이 책을 쓰면서 가장 핵심 주제로 '행복한 삶'에 주안점을 두고 집필하였다.

얼마 전 6·12 북미 정상회담이 있었다. 여러 가지 측면에서 성과를 기대하는 만남이지만, 가장 중요한 핵심은 행복한 삶을 추구하고 서로의 장점으로 WIN, WIN하며 더 좋은 세상을 만들고

자 함이다. 우리나라 국민들의 의식수준이 높아지고, 교육수준도 높아졌다. 더불어 삶을 대하는 관점도 가치에 두는 사람들이 많다. 하지만, 아직도 보이는 현상과 결과물에 마음을 빼앗겨 소중한 진리를 알지 못한 채 하루하루를 산다.

우리의 눈과 마음은 초고속으로 성장하는 문명발달에 헉헉거리는 모습이다. 아침에 자고 일어나면 새로운 정보의 홍수에 떠밀리듯 어리둥절해진다. 자신의 의지와 다르게 급변하는 흐름에 괴리감을 느끼게 된다. 이런 세류에 편승하는 일을 부담스럽게 느끼면서 작아지는 자신을 보게 된다. 이런 모습의 자신을 거울에 비춰보자. 의기소침해져 있는 자신을 무엇으로 깨울 것인가?

행복은 소유에 있는 것은 아니다

필자는 이러한 우리들의 모습을 바꿔줄 제안을 하고 싶은 마음에 이글을 쓰게 되었다. 잘나지도 않았고, 재력가도 아닌 평범한 사람이지만, 누구보다 행복한 삶을 만들어 내는 일에 관심을 기울여온 결과들을 나누기를 원한다.

사전적으로 살펴보면 복된 좋은 운수라고 하며 생활에서 충분한 만족과 기쁨을 느끼어 흐뭇함 또는 그러한 상태를 행복이라

한다. 프랑스어 사전적인 의미에서 보면 마음이 가난한사람은 행복하다고 한다. 그렇다 행복은 소유에 있는 것은 아니다.

많은 사람들이 행복을 누리고 살고 있지만, 행복을 느끼지 못하고 있다. 자신의 주변에 있는 행복의 요소들을 발견하는 눈을 떠야 한다.

매 순간을 행복을 느끼며 감사하는 마음으로 자신의 행복한 삶을 만들어야 한다. 자신 안에 내재된 10가지 행복 에너지를 깨워야 한다.

10가지 행복에너지

1. 마음

마음을 행복하게 만들자. 당신은 특별한 존재이고 승리자다. 왜냐하면 75억 분의 1의 확률로 태어났기 때문이다. 행복의 토대는 자기 자신에 대해 행복감을 느껴야 한다. 지금부터 내 마음을 행복하게 만들자.

2. 건강

매일 30분씩 운동 하라. 음식은 우리의 감수성에 영향을 준다. 신선한 과일, 야채, 껍질을 벗기지 않은 곡류와 콩류를 충분히 섭취하라. 음식은 우리의 감수성에 영향을 준다.

3. 존중

자기 자신을 존중하라. 상대를 먼저 존중하기 전에는 어떤 사람이나 대상을 사랑할 수 없다. 존중할 필요가 있는 첫 번째 사람은 바로 자기 자신이다.

4. 목표

목표를 명확히 밝혀라. 무엇을 원하고 왜 원하는지를 명확히 안다면 원하는 것은 무엇이든 가질 수 있다. 목표를 이루는 상황을 자주 시각화 한다. 목표를 적어 놓고 매일 아침·점심·저녁으로 3번씩 읽는다. 최선의 것을 기대하면 그것 을 얻게 될 것이다.

5. 신념

자신의 직관을 믿어라. 자신의 감정에 충실하고, 자기 안에 신념을 창조하기 위해 자기 암시를 반복하라. 자주 반복하다 보면 잠재의식의 일부가 된다. 이제는 신념을 가지고 용감하게 행동할 때가 왔다.

6. 믿음

믿음은 행복의 주춧돌이다. 지속적인 행복은 믿음이 없으면 불가능하다. 믿음은 진실을 창조하고, 마음의 평화로 인도해 주며 의심, 걱정, 근심, 두려움으로부터 영혼을 해방시킨다.

7. 성실

성실하고 진실 하라. 우리의 행위와 말, 심지어 생각조차도 부메랑과 같다. 불성실한 수단과 속임수로 부를 쌓는 것은 모래 위에 집을 짓는 것과 같다. 결코 오래가지 못한다.

8. 유머

유머는 행복을 창조한다. 웃음은 집중력과 문제 해결 능력을 강화시켜 준다. 어떤 경험에서든 재미있는 면을 찾으려 한다면, 그것을 찾을 수 있다. 사소한 일에 신경 쓰지 말고 대부분의 일은 사소하다는 것을 명심하라.

9. 용서

용서는 행복의 열쇠이다. 증오나 원한을 품고 있는 한 행복해질 수 없다. 명심하라 지기 외에는 자신의 고통을 벗어나게 해줄 사람은 아무도 없다. 잘못과 실패는 인생의 교훈이다. 자신을 용서하고 타인을 용서하라.

10. 베풂

행복은 베풀 때 발견한다. 기쁨과 행복을 더 많이 나누어 줄수록 자신이 더 많이 받는다. 사랑을 받고 싶다면, 사랑을 주는 것만이 당신이 해야 할 일이다. 남에게 행복을 주는 방법을 찾아가다 보면 매일 내 인생의 행복을 참조할 수 있다.

위 내용을 살펴보면 행복의 조건을 세 가지로 정리할 수 있다.

첫째는 자기 자신을 받아들이는 것이다. 나를 신뢰하고 믿어주어 신념을 가지고 자신감 있게 살아야 한다.

두 번째는 상대를 신뢰하는 것이다. 친구관계, 연인관계, 사업적인 관계 역시 마찬가지로 적이 아니라 친구로 받아들이면 의도했던 것과 방향이 다르게 가더라도 선한 목적으로 시작했기에 선한 방법으로 풀려고 노력해야한다.

세 번째는 나누며 사는 것이다. 한 사람의 행동이 다른 사람에게 기쁨이나 즐거움을 주고, 용기 있는 행동의 계기가 되는 것은 나 자신에게 오히려 행복으로 돌아온다.

결국 행복한 삶은 나 자신으로부터 시작된다는 것을 발견할 수 있다. 자신을 돌아보며 행복 에너지를 점검해보길 바란다. 당신이 느끼지 못한 행복의 요소들로 가득한 것을 발견하게 될 것이다.

| 제 5 장 |

성공한 삶과 행복한 삶

자신을 믿어주고 격려하는 삶

"정직한 마음의 단 하나의 약점은 쉽게 믿는 것이다."

- 필립 시드니의 말이다.

우리는 자신의 삶을 가끔씩 다른 사람과 비교하여 행불행을 진단하곤 한다. 옆집에 좋은 차를 구입한 것을 보면 자신이 그렇지 못한 경우를 불행하게 생각한다. 타인의 삶의 겉모습을 보면서 자신과 다른 면모를 부러워하며 자신을 과소평가한다. 그러면서 자기 자신의 장점과 재능을 발견하려는 노력은 하지 않는다.

언제까지 다른 사람의 가시적인 성공을 부러워만 할 것인가?
언제까지 자신을 타인과 비교하면서 소중한 시간을 허비하려는가?
진정으로 자신 안에 있는 또 다른 나를 언제까지 우울하게 할 것인가?

　필자는 한동안 심한 우울증으로 스스로의 존재를 부인하고 무기력한 모습으로 지낸 적이 있다. 알 수 없는 우울함으로 타인과 비교하며, 나 자신의 부족한 면을 커다란 산으로 만들어 놓고 산을 넘지 못해 버거워했던 적이 있다. 누군가의 손길을 의지하게 되고, 스스로의 노력으로는 도저히 불가능하다고 한계를 짓곤 했다.

　무엇이 문제일까 생각하며 극복하려 안간힘을 썼다. 그럴 때마다 드는 생각은 나는 왜 안 되는 걸까? 저 사람은 어떤 장점이 있는 걸까? 어떤 댓가를 지불했을까? 라는 질문이 꼬리를 문다.

　이럴 때마다 필자는 서점으로 발길을 향한다. 한계에 부딪힐 때. 어떠한 문제 앞에 답답한 심정을 해결해 줄 수 있는 돌파구는 다른 이의 삶을 들춰보는 것이다. 다른 이의 멋진 삶에 담긴 피나는 노력과 흘린 땀을 보지 않으면 오해하기 쉽다. 눈에 보이는 화려한 형상만을 보고 평가한다면 그들의 삶의 가치를 가볍게 볼 수 있다.

　그들 역시 지금 당신이 겪고 있는 아픔과 고통을 겪어 왔으며,

삶 속에서 만나는 커다란 산을 넘어온 사람들이다. 가장 어려운 인간관계를 성공하면 다른 문제는 얽힌 실타래처럼 풀릴 것이다.

웨스트민스터 대성당의 지하 묘지에 있는 한 영국 성공회 주교의 무덤 앞에 이런 글이 적혀 있다고 한다.

"내가 젊고 자유로워서 상상력에 한계가 없을 때 나는 세상을 변화시키겠다는 꿈을 가졌었다. 좀 더 나이가 들고 지혜를 얻었을 때 나는 세상이 변하지 않으리란 걸 알았다. 그래서 내 시야를 약간 좁혀 내가 살고 있는 나라를 변화시키겠다고 결심했다. 그러나 그것 역시 불가능한 일이었다.

황혼의 나이가 되었을 때 나는 마지막 시도로, 나와 가장 가까운 내 가족을 변화시키겠다고 마음을 정했다. 그러나 아무도 달라지지 않았다. 이제 죽음을 맞이하기 위해 누운 자리에서 나는 문득 깨닫는다. 만일 내가 내 자신을 먼저 변화시켰더라면, 그것을 보고 내 가족이 변화되었을 것을. 또한 그것에 용기를 얻어 내 나라를 더 좋은 곳으로 바꿀 수 있었을 것을, 그리고 누가 아는가, 세상까지도 변화되었을지."

자신을 바꾸는 일은 세상을 바꾸는 일만큼 어렵다는 걸 죽음 앞에서 깨달은 사람의 토로다. 파랑새 이야기를 닮았다. 온 세상을 돌아다니면서 파랑새를 찾고자 하다가 못 찾고 집에 돌아왔더니 집 안에 파랑새가 있더라는 이야기. 평생 동안 세상과 타인을 변화시키기 위해 분투해왔건만 진짜 바꾸어야 대상은 바깥이 아니라 내 안에 있었다.

문제를 문제로 보면 삶에 큰 산이 만들어지지만, 문제들을 해결하면서 성취하는 과정이라고 생각하면 의연하게 대체할 수 있을 것이다. 나 혼자만 힘든 산을 넘어야 한다는 생각은 버려야 한다.

당신의 삶의 길이 험할지라도 낙심하지 말아야 한다. 오히려 기쁨으로 그 길을 헤쳐나가야 한다. 남 보다 특별한 보물이 예비되어 있음을 믿어야 한다. 당신 자신의 자녀를 바라보라. 그들이 작은 문제 앞에서 어떤 모습이길 원하는가. 분명히 거뜬히 해결하는 모습을 기대할 것이다.

자신을 사랑해라. 그리고 끊임없이 할 수 있다고 말해 주고, 믿어주어라. 누구보다 자신의 내면의 깊이를 잘 아는 사람은 자신뿐이다. 자신의 문제를 해결하는 힘도 자기 자신에게 있음을 발견하길 바란다.

현재 자신의 위치에서 자족할 줄 알아야 한다. 현재 서 있는 그 자리에 다다를 댓가를 지불했다고 생각하는 것이다. 이만큼 성공했으니 감사하다. 자신의 수고를 인정하고 감격해해야 한다.

모든 일들이 합력하여 아름다운 결과를 얻을 수 있었음을 고백하라. 자신의 수고를 인정하고 칭찬해야 한층 더 높은 위치로 오를 수 있는 힘이 생긴다. 긴 항해와도 같은 인생을 어찌 단막극을 보고 판단하겠는가.

아직 과정일 뿐이다. 자신의 행복 인생 프로젝트는 자신이 설계한 것이다.

자신의 설계를 신뢰하라. 긍정적인 눈으로 지지할 때 앞으로 갈 수 있는 동기부여가 된다. 당신의 멋진 인생 2막의 성공적인 행복한 삶은 자신을 신뢰하며 응원할 때 승리할 수 있다.

지혜로운 친구 되는 삶

"인생에서 우정을 빼앗아 버리는 것은 이 세상에서
태양을 빼앗아가는 것과 마찬가지다. 불멸의 신이라도
우정보다 나은 것, 우정보다 기쁜 것을 손에 넣을 수는 없다."

– 키케로의 말이다.

지혜로운 친구를 둔 사람은 행복한 사람이다

친구란, 무엇을 가지고 있는지가 아니라 당신 자체만으로 사랑해주는 친구, 당신을 인정해주고, 자신감을 불어넣어주는 친구, 열등감을 느끼게 하거나 약점을 의식하게 하지 않는 친구, 항상 당신을 격려해주는 친구, 그런 친구 가 있다면 이 세상은 따뜻한 곳이 될 것이다. 자신을 믿어주는 존재가 있다는 사실은 언제나 든든하다.

어릴 적 친구도 좋고, 사회 친구도 좋다. 마음 맞는 친구가 함께하는 사회는 어떤 어려움이 와도 견뎌 낼 수 있는 든든한 버팀목이 된다. 때로는 자기 자신조차 자기를 믿어주지 않을 때, 친구가 다가와 격려하고 용기를 준다면, 쉽게 자기 자신을 좌절의 늪에 빠지지 않게 할 것이다.

이처럼 우정은 돈으로 살 수 없는 소중한 가치가 있다. 친구의 역할은 매우 중요하다. 한 인생을 살리기도 하고 불행의 길로 끌기도 한다. 친구의 영향력이 큰 만큼 어떤 친구를 두느냐에 따라 멋진 인생이든 그저 그런 인생이든 될 것이다.

친구의 존재만으로도 충분히 만족감을 갖게 된다

나이가 들수록 친구의 존재는 또 다른 의미를 두게 된다. 가족이 동반자라고 한다면, 친구는 정서적 가족이라 볼 수 있다. 필자는 친구에 대한 남다른 의미를 두고 있다. 형제가 많지 않아서 네 살 터울 언니와 두 자매뿐인 가정에서 대화할 상대는 없었다. 동생 있는 친구들이 부럽고, 오빠 있는 친구가 부러웠던 어린 시절을 보내다 보니 동기동창이란 인연을 마치 내게 주신 선물같이 느껴졌다. 실제로 그런 고백을 한 적이 있다.

어릴 적 친구들의 모임을 위해 10여 년간 봉사할 때 종종 참석한 친구들을 향해 "나는 오늘 이 자리에 와준 친구들이 내게 주신 특별한 선물이라고 생각합니다. 만나서 반갑고 참석해줘서 고맙게 생각합니다." 사실이다. 추억을 공감할 친구가 있다는 건 마음이 풍요로워지는 행복한 일이다.

만난 지 얼마 되지 않은 관계는 친구의 진한 우정의 맛을 느끼지 못한다. 자주 만나지 못하더라도 존재하는 것만으로도 든든하고 의지가 되고 마음이 따뜻해지는 존재가 친구다.

당신은 어떤 친구를 두고 싶은가?

상대에 대한 관심과 공감, 존경과 사랑이라는 씨앗을 많이 뿌린 사람은 좋은 친구를 얻는 보상을 얻게 된다. 누구나 좋은 친구, 진실한 친구를 두고 싶어 한다. 반면, 친구에게 자신이 그런 친구가 되려는 노력은 부족하다. 좋은 친구란 희생이 따르는 행동이 뒷받침이 되어야 한다. 얻고자 하면 먼저 주어야 한다. 내가 먼저 친구에게 좋은 친구가 되어야 한다.

지구상에 인구수는 75억 명이다. 지금 이 시간에도 태어나는 사람 사망하는 사람이 계속 증가하고 있다. 수억 명 중에 내 이름을 기억하고 내 이야기를 들어줄 사람이 얼마나 될까?

요즘에는 SNS의 발달로 안방에서 해외의 친구들과도 소통할 수 있다. 그야말로 대화를 필요로 한다면 얼마든지 작은 노력에도 가능해진 문명의 꽃을 즐기는 시대다. 그렇지만, 수많은 사람 중에 진실한 친구라고 말 할 수 있는 사람은 얼마나 될까?

SNS상 친구는 진정한 친구라고 보기 어렵다. 필자가 말하는 지혜로운 친구는 의미가 다르다. 당신의 삶에 영향력을 끼치는 친구가 진실한 친구요 꼭 필요한 인맥이다.

그렇다면 그런 지혜로운 친구를 어디서 만든단 말인가? 어떤 방법으로 진실한 친구를 맺어 삶을 긍정적인 열매들로 채워 갈 것인가? 그 해답은 지금 당신은 당신의 가까운 벗을 향해 어떤 마음을 품고 있는가를 먼저 점검해봐야 한다. 설령 자주 만나지 않더라도 신뢰할 수 있는 마음이 가는 그가 좋은 친구다.

좋은 친구를 두고 있지만 끝까지 좋은 친구로 이어가려면, 자신의 노력이 필요하다.

상대방에게 어떤 영향력을 끼칠 수 있는가? 어떤 유익을 공유할 수 있는가?

필자는 어릴 적 친구들을 40대 초반에 만날 수 있었다. 시골에 연고가 없어 명절에도 친구를 볼 기회조차 없었다. 그러던 어느 날 집 근처 병원에서 역사적인 만남이 이루어졌다. 옛 친구를 만난 것이다. 그 친구를 통해서 어릴 적 절친 소식도 알게 되고, 그 후로 점점 옛 동무들의 근황을 파악할 수 있었다. 20년 넘게 소식이 끊겨 그동안 어찌 살았는지 알 수가 없다. 다른 친구를 통해 들은 이야기는 이야기일 뿐 내용에 의미를 두지 않는다.

　얼마 전 초등학교 동기 친구 남편이 암 선고를 받은 지 1년 투병생활 끝에 생을 마감했다는 소식을 들었다. 아까운 삶을 떠난 인생은 물론이고, 젊은 나이에 혼자된 친구를 생각하니 심정을 뭐라 표현할 길이 없었다. 친구들의 공유 밴드에 장례인사 게시글에 아래와 같이 댓글을 달았다.

　"무슨 말로 위로가 되겠니.
　그러나 분명한 것은 만남의 끝은 누구에게나 있고,
　남들보다 조금 더 일찍 이별한 것일 뿐이야.
　그게 우리 삶의 모습이지.
　슬프고 아플지라도 너무 오랫동안 아파하지 않았으면 좋겠어.
　나도 널 보고 와서 잔잔한 슬픔에 잠겨 있었어.
　세상이 줄 수 없는 평안과 위로와 사랑이 너와 자녀들에게 함께 하길 기도해.

넌 소중한 존재야. 뭐든 잘할 수 있고 행복한 주인공이 될 거야.
앞으로의 너의 삶을 축복해."

이런 댓글이 친구에게 위로가 될 수도 있겠으나, 언젠가는 진실한 마음을 알게 될 것이다.

본 장을 마무리하면서 지혜로운 친구의 7가지 에티켓을 소개한다.

첫째, 자존심을 건드리지 않는다.

남. 여를 불문하고 자존심을 세워 줄 때 신뢰감이 쌓여 관계를 견고하게 한다.

남자는 존경 받을수록 사랑이 커지고, 여자는 사랑받을수록 존경한다.

둘째, 아픈 상처는 덮어준다.

직접 들은 말이 아니면 전해들은 이야기로 상대방을 판단하지 말아야 한다. 그 이야기를 직접 하지 않는 건 그만한 사정이 있을 것이다. 당신과의 관계를 위한 상대방의 지혜로운 선택일 것이다.

셋째, 긍정적인 면을 인정하고 칭찬해준다.

만나고 헤어지는 짧은 만남 속에서 부정적인 말과 이미지로 친구의 마음을 지옥으로 만들 권리는 없다. 부정적인 면이 없어서가 아니라 긍정적인 면을 보고 칭찬할 때, 훨씬 더 좋은 친구의 모습을 기대할 수 있기 때문이다.

넷째, 대화할 때 공감하며 들어준다.

상대방과 대화할 때 가장 중요한 것은 내가 이야기할 때 상대방이 어떤 자세를 취하면 좋을지 생각하는 대로 하면 된다. 당신이 진심어린 마음을 표현할 때 듣는 자의 태도가 불성실하다면 상처 받거나 불쾌할 수 있기 때문이다. 소통의 기본은 상대방에게 집중하며 공감해주는 것이다. 상대방과 대화하면서 뭔가를 계산하거나 딴 생각을 한다면 차라리 그 자리를 떠나는 것이 좋다. 소통의 기본은 상대방에게 집중하며 공감해주는 것이다.

다섯째, 친한 친구 얼굴 표정은 내가 만든 것이다.

당신의 말 한마디, 작은 배려와 진실한 우정은 친구의 얼굴빛을 바꿀 수 있다. 가까운 직장 동료에게 당신이 한 긍정적인 말 한마디로 엄청난 업무 효과를 나타낼 수 있다. 당신을 둘러 싼 모든 이들이 당신의 행복바

이러스로 감염되게 해보라. 당신이 더 행복한 일이 많아 질 것이다.

여섯째, 소중한 선물처럼 느끼는 마음을 표현한다.

친구란 스스로가 만들어내지 못하는 에너지로 하여금 당신을 성장시키는 자양분의 공급원이다. 이처럼 소중한 존재를 향한 마음은 표현 할수록 더 풍성한 공급원이 될 것이다.

일곱째, 내가 먼저 연락하고 안부를 묻는다.

존재하지만 존재감을 얻을 수 없다면, 당신이 스스로 만들어라. 먼저 연락하고, 먼저 커피 한 잔을 대접하라, 당신의 친구 리스트는 점점 늘어날 것이다.

당신은 어떤 친구를 두고 싶은가? 아니 어떤 친구가 될 수 있는가? 인생의 길이가 길수록 친구가 우리 삶에 미치는 영향력은 엄청나다. 누군가에게 당신이 지혜로운 친구가 되어주지 않겠는가? 지금 떠오르는 그는 당신의 에너지로 충전시켜줘야 할 대상일 것이다.

은퇴 후를 준비하는 삶

> "도전은 인생을 흥미롭게 만들고, 도전의 극복이
> 인생을 의미 있게 한다."
>
> — 조슈아 마린의 말이다.

인생은 긴 여행과 같다

여행자의 길 떠나는 여행자는 우선 목표를 정한 후 자기가 가야 할 일에 필요한 것들을 준비한다. 여행 길 위에 있는 우리는 이런 질문을 하게 된다. 나에게 정말 중요한 것은 무엇인가, 나는 어디에 관심을 가지고 있는가, 나는 누구인가. 우리는 이런 질문에 대한 답을 얻기 위해 길을 떠난다.

이런 질문을 전혀 하지 않고 길을 떠나는 여행자도 있다. 그들은 이러한 모험을 통해 자신의 미래의 삶에 관한 이야기를 만들어갈 것이다. 나는 무엇을 보았는가, 누구를 만났는가, 무엇을 배웠는가. 어떤 의미로는 이러한 모험이 인간의 진정한 본질 세상을 발견하기 위해 멀리 떠날 수 있는 놀라운 자유라 할 수 있다.

필자는 그동안 독서를 통해 다른 사람의 삶을 마주한다. 나 자신의 가치와 우선순위에 대하여 골똘히 생각한다. 나 자신의 인생을 다양하게 넓혀나갈 의지와 시간이었다. 앞으로도 자신의 인생에 더 많은 다양한 사람들을 받아들이면서, 자아실현을 위한 다양한 생각을 해본다.

날마다 새로운 일이 생겨난다. 새로운 것이 생기고 없어지고 하는 것은 마치 공기처럼 자연스럽다. 내가 하고 싶을 일이 사양 산업은 아닌지, 내가 앞으로 선택할 직업이 새로운 트렌드에 맞는지 찬찬히 고민해 볼 일이다.

100세 시대를 준비해야 한다

한 경제전문가는 "노후 준비가 없다면 오래 사는 게 축복이 아닌 고난이다"라고 말하기도 했다. 이와 같은 이야기가 나올 수밖에 없는 이유는 무엇일까? 100세 시대로 은퇴 후 적어도 30년 이상을 아무런 경제활동 없이 보내야 한다. 반면 사회적으로 은퇴 시기는 점점 빨라지고 있는 추세다. 따라서 길어진 은퇴 후를 보다 짧은 시간에 대비해야 한다.

얼마 전 우리나라의 베이비부머 세대(1955~1963년 출생) 남녀 500여 명을 조사한 결과 이들이 생각하는 은퇴자금은 최소 5억 원 정도인 것으로 나타났다. 하지만 정작 은퇴 후 준비가 되어 있느냐는 질문에 응답자의 60% 이상이 전혀 준비되어 있지 않다고 답했다. 이 중 54.4%는 준비할 능력이 없으며, 39.5%는 자녀에게 자신의 노후를 의탁할 계획을 갖고 있다는 결과가 나왔다. 즉 절반 이상의 사람들이 노후 준비가 전혀 되어 있지 않다는 걸 알 수 있다.

계획하는 삶이 아름답다

이제 개인의 노후는 계획되어야 한다. 막연하게 행복한 노후를 보내겠다고 꿈을 꾸는 것이 아니라, 어떠한 노후를 살 것인지 생각해야 한다.

필자는 젊은 시절 다양한 재테크로 어느정도 형성되어 있는 보통수준의 중년세대와 공감하고 싶은 것이다.

경제력이 확보된 상태에서 소일거리 삼아 즐겁게 일할 수 있는 2막 인생을 준비하자.

몸이 움직이는 한 일을 계속하라. 일하는 즐거움을 놓치지 마라. "내가 왕년에"라는 생각은 버려라. 은퇴 후에도 일하는 사람이 건강하게 오래 산다. 나이 먹어도 일을 한다는 것은 내가 사회에 필요한 존재이고, 사회와 내가 연결되어 있음을 확인해주는 중요한 의미다.

은퇴 후에도 일을 하기 위해서는 어떤 준비를 해야 할까?

영국 헨리 8세 시대의 궁정시인이자 극작가였던 존 헤이우드는 "구르는 돌에는 이끼가 끼지 않는다."고 말했다. 이 말은 상황에 따라 여러 가지 의미로 해석될 수 있지만 궁극적으로 사람은 육체적이든 정신적이든 무언가를 해야 못 쓰는 고물이 되지 않는다는 뜻이다. 일하는 사람은 행복하고, 행복하기 위해서 사람은 일을 해야 한다는 것이다.

노후라고 다르지 않다. 일하는 노후가 일하지 않는 노후보다 훨씬 행복하다. 우선 일을 하면 늙지 않는다. 은퇴 후 많은 노인들이 자신을 쓸모없다고 여겨 우울증을 앓는 경우가 많다. 그러나 일을 계속하면 사회구성원으로서 자신의 위치를 잃어버렸다는 박탈감에서 해방되어 보다 활기찬 노후를 보낼 수 있다. 몸과 뇌를 지속적으로 사용하기 때문에 육체와 정신의 노화도 늦출 수 있다.

뿐만 아니라 경제적으로도 여유가 생겨 자기를 책임질 수 있게 된다. 노후의 일자리에서 젊었을 때와 같은 수입을 기대하는 것은 어리석은 일이다. 하지만 적은 수입이라도 일정한 수익원이 있으면 그만큼 여유로운 생활을 하게 되고, 자녀들에 대한 의존도도 낮아진다. 늙어서 괜히 자녀들 눈치나 보며 살 필요가 없다는 말이다.

젊었을 때에는 일하기 싫을 수 있다. 하지만 늙어서는 일을 하지 못하는 것이 오히려 슬픔이 된다. 이런 기분이 계속되면 하루하루 사는 것이 즐겁지 않다. 삶을 마무리하는 노후가 절망으로 가서는 안 된다. 그래서 사람은 나이가 들수록 더더욱 일을 해야 한다. 일하는 즐거움을 놓치지 않는 것은 노후를 행복하고 건강하게 보내는 가장 중요한 방법이 된다. 노후에 작은 것일지라도 지속할 수 있는 일을 찾아 삶에 생기를 불어넣도록 하자.

선진국에는 늙어서도 일을 하는 사람이 많다. 그들이 일을 하는 데는 금전적인 이유만 있는 것은 아니다. 일을 하는 즐거움을 통해 노후가 더 풍요로워짐을 느끼기 때문이다. 몸이 움직이는 한 일을 계속하라. 일자리를 구하지 못하는 것은 나이 때문이 아니다. 쉬운 일만 찾거나 이미 지나버린 자신의 전성기만 생각하고 눈높이를 낮춰 일자리를 구하지 않기 때문인 경우가 더 많다.

하늘은 스스로 돕는 자를 돕는다고 했다. 노후에도 일을 계속하겠다는 생각이 있다면 스스로 변하고, 일자리를 얻기 위해 노력해야 한다. 그렇다면 어떻게 변하고 어떻게 노력해야 할까?

중년세대에 일자리를 구하려면 하루 빨리 과거의 지위를 잊어야한다. 내가 과거에 무엇을 했느냐가 아니라, 현재 내가 어떤 상황에 있고 앞으로 어떻게 살아갈 것인가를 정확히 인식하는 것이 중요하다는 말이다. 사실 50세 이상의 장년층에게 주어지는 일자리는 그다지 많지 않다. 때문에 화려했던 지난날을 빨리 잊어버리고 단순직이라도 마다하지 않겠다는 도전의식을 가져야 한다.

중년 취업자의 경우 건강과 이미지 관리도 취업하는 데 매우 중요한 요소로 작용한다. 지나치게 젊게 보이려고 나설 필요는 없다. 편안한 느낌을 줄 수 있도록 노력해야 한다. 주어진 일은 어떤 일이라도 하겠다는 겸손하고 적극적인 인상을 심어주는 것이 성공적인 일자리 창출의 기본이다.

용기 있는 자가 일자리를 얻는다. 두드려라! 그러면 열릴 것이다

재취업을 하기 위해 가장 먼저 해야 할 일은 자신의 능력을 잘 살릴 수 있는 직장과 직업에 관한 정보를 얻는 일이다. 정확한 취업정보는 현재 자신의 여건에서 최선의 일자리를 구하는 데 필수적이다. 취업정보를 얻는 방법으로는 취업정보기관 활용, 인맥(人脈) 활용, 취업박람회 참가 등이 있다. 다음은 재취업 정보를 얻을 수 있는 기관 및 사이트이다.

재취업 정보제공 기관 및 사이트

① 고용지원센터(www.work.go.kr/jobcenter)
② 한국노인인력개발원(www.kordi.or.kr)
③ 한국시니어클럽협회(www.silverpower.or.kr)
④ 노사공동 고용지원사업단(www.newjob.or.kr)
⑤ 잡코리아(www.jobkorea.co.kr)
⑥ 커리어(www.career.co.kr)

좋아하는 일을 하는 삶

"저는 결코 돈을 위해 일하지 않았어요. 언제나 자신을
증명해보이고 제 역량이 어디까지 뻗어나갈 수 있는지
알아보려 일했을 뿐이에요."

－ 오프라 윈프리의 말이다.

좋아하는 일을 해야 한다

일을 할 때는 생계를 유지하기 위한 일이 아니라 자신이 정말
좋아하는 일을 해야 한다. 자신이 진정 원하는 일을 하고 있으면
그것이 성공 비밀이다. 필자는 좋아하는 일을 통해 목적을 달성하
기 위해 의도적으로 노력하면 신기할 정도로 삶에 활력이 솟는다.
누구나 스스로 올바른 길을 가고 있다고 확신하고, 영혼의 의도와
마음의 욕구를 실천하다보면 기쁨의 에너지가 넘쳐나게 된다.

남은 시간은 하고 싶은 일을 하자! 인생 후반기를 들어선 우리에게 시간은 특히나 중요한 요소이다. '자신의 큰 그림을 볼 수 있는 사람은 오직 자기 자신이다.' 당신도 지금부터 비전을 세워보라. 비전은 마음의 열정을 따라 세워진다. 비전은 경험의 범위를 넘어서는 일을 가능하게 한다. 스스로 해낼 수 있는 모든 힘을 동원해보라.

그리고 목표를 향해 전진하라. 더욱 크게 꿈꾸라. 스스로 할 수 있는 일을 모두 하고난 후, 행복한 결과를 기다리자.

당신은 어떤 일로 당신의 심장을 뛰게 할 것인가?

누구나 자신이 가보지 않은 길에 대한 동경이 있게 마련이다. 더구나 지금하고 있는 일이 적성에 맞지 않아 새로운 일을 찾고 있다면, 자신에게 맞는 천직이 무엇인가 알고 싶어 할 것이다. 자신의 가슴을 뛰게 만드는 일은 과연 무엇일까?

혹 자기 자신이 진정으로 좋아하는 일이 무엇인지 아직 발견하지 못했다면, 양병무 작가의 저서 『좋아하는 일 하면서 먹고 살기』을 추천한다. 이 책을 보면 자신이 무엇을 좋아하고 잘하는지 깨닫게 한다. 또한 자신에게 맞는 일과 직업을 찾을 수 있도록 도와주는 책이다. 좋아하는 일로 먹고 살고, 일을 하며 행복을 느끼는 사람들의 이야기를 통해 성공과 행복이라는 두 마리 토끼를 잡는 방법을 제시한다.

이 책에서는 자신이 좋아하는 일을 해도 먹고 살 수 있다는 희망을 보여준다. 좋아하는 일을 하며 살고 있는 사람들의 사례를 통해 좋아하는 일을 어떻게 찾았고, 좋아하는 일을 한다는 것이 어떤 것인지, 그것이 주는 행복이 무엇인지 소개하고 있다. 후반부에서는 현재 하는 일을 좋아하는 꿈의 직업으로 전환하는 방법을 제시한다. 자신이 하고 있는 일을 다른 각도에서 보게 함으로써 그 일이 자신이 미처 깨닫지 못했지만 꿈의 직업이었음을 알게 해주는 사례들을 소개하고 있다.

끝으로 꿈의 직업을 찾아가는 과정과 '꿈의 직업 찾아가기 체크리스트'를 제시한다. 먼저 자신이 좋아하는 일을 어떻게 찾고, 어떻게 준비할 것인지, 그리고 그것을 이루기 위해 무엇이 가장 필요한지 실직적인 가이드라인을 제시한다. 좋아하는 일로 먹고 사는 각계각층의 다양한 사례들과 인터뷰를 통해 꿈의 직업을 가지고 있는 사람들의 특성을 분석해 보고, 그들의 희망과 용기를 배운다.

이 책을 통해서 알 수 있듯이 나에게 맞는 일이란 특별한 곳에 따로 숨어 있는 것이 아니다. 주어진 일을 하다보면 좋아할 수 있게 된다. 싫어하지 않는 일이면 즐겁게 일 할 수 있다. 좋아하는 일 찾을 때 우선 자신을 잘 알아야 한다. 자신을 알아보는 방법은 다양한 검사를 통해서 알아보는 것도 좋은 방법이다.

사실 필자가 의도했던 이야기는 양병무 작가의 책 내용과 다소 거리가 있다. 가슴 뛰는 일을 직업적인 관점에서만이 아닌 생활 여가시간 활용과 봉사와 취미생활 까지도 어우른 의미로 접근한 것이다.

한 인간이 탄생되는 과정 속에서 가장 먼저 발달되는 부위는 심장이다. 힘찬 심장 박동소리를 들어야 건강한 태아가 자라고 있음을 알게 되고 기대하게 된다. 10달간 모태에서 영양 공급을 받으면 한 생명체로 완성되어야 밖으로 나올 수 있다. 마찬가지로 성인이 된 우리가 건강하게 사회생활 하려면 가슴 뛰는 일을 해야 관계 속에서 긍정적인 영향력을 끼치며 살 수 있다.

마크 트웨인 Mark Twain은 이렇게 말했다.

"새로운 것에 도전하는 일을 두려워하지 말라. 지금부터 20년 후에, 당신은 해서 후회할 일보다 하지 않아서 후회할 일이 더 많을 겁니다. 그러니 당장 밧줄을 던져버리십시오. 안전한 항구에서 벗어나 멀리 항해하십시오. 무역풍을 타고 나가십시오. 꿈을 꾸고, 탐험하고, 발견하세요."

혹시 '그때, 이렇게 해볼 걸' 하는 후회를 하게 만드는 일이 있는가? 혹시 '그때, 그건 참 잘한 일이야'라고 생각되게 만드는 일이 있는가? 이 두 가지 중 어떤 것이 더 많은 비중을 차지하는가? 아마 전자의 것에 비중이 큰 사람이 대다수일 것이다. 지금까지의 당신의 삶이 만족보다 후회가 많다고 하더라도 좌절하지 말라. 지난 일을 돌이켜 후회하기보다, 10년 후 당신의 삶이 후회 없는 삶이 되도록 기획하는 일에 집중하라.

현대사회는 빠르게 돌아간다. 당신이 그 일을 해야 할 것인가, 하지 말아야 할 것인가를 고민하는 동안에도 사회는 빠르게 흘러간다. 마크 트웨인의 명언처럼 당신의 가능성과 변화에 도전하는 마음을 옭아매는 밧줄을 던져버리고 당신 삶의 새로운 도전을 시작하라.

균형 잡힌 삶

"미래의 행복을 확보하는 가장 확실한 방법은
오늘 허락된 행복을 오늘 한껏 누리는 것이다."

— 찰스 앨리엇의 말이다.

인생 2막 인생은 지금부터다

내가 없으면 아무 의미가 없다. 당당하고 활기차게 삶의 무대
에 서 있을 때 주인공의 위치에 있는 것이다. 경제적인 활동이
가장 왕성한 시기가 인생 2막의 시점이다.

그동안 자녀교육에 치우쳐 재테크나 특별한 노후대책을 세우
기가 버거웠던 젊은 날의 좌충우돌의 터널을 통과하고 나면 편안
한 2막이 시작된다. 요즘 젊은 부부들은 결혼은 했어도 자녀는 갖
지 않는 이들이 적지 않다. 막대한 교육비나 자신들의 자아실현

에 걸림돌이 된다고 생각하는 모습에 슬픈 생각마저 든다. 자녀 때문에 희생하는 것보다 자녀가 주는 큰 기쁨과 행복을 알 수 있다면 포기하지 않을 것이다. 국가적인 복지혜택이나 경제적 여건을 탓하지는 않을 것이다.

건강관리에 시간과 돈을 들여야 한다. 100세 시대의 긴 여정을 건강하고 활기차게 보내려면 건강관리도 소홀해서는 안 된다. 필자는 그동안 헬스나 요가로 여러 번 운동을 시도 했지만 장기간 지속하지 못했다. 운동에 흥미도 없었지만 시간을 내기가 어려웠다. 최근에 건강을 위해서 운동을 필수적으로 병행해야함을 인식하게 되었다. 이젠 시작할 것이다. 반세기의 삶을 위하여 건강을 다지기로 다짐한다.

인생 2막은 균형 잡힌 '행복한 나'로 만들 수 있는 시기다

필자는 문제를 만나면 해결하려고 눈이 더 반짝거리는 행동파다. 추진력은 웬만한 남성들도 따라올 수 없다. 그러다보니 시행착오도 많고 난관에 부딪히기도 쉽다. 스스로에게 관대하게 '일을 하다보면 그럴 수도 있지'라고 위안 삼을 일들이다. 그러나 후회하지 않는다. 가만히 앉아 있으면 삶이 변화되고 성숙해지겠는가?

일벌레도 아니고 우수한 인재도 아니지만, 늘 바쁘고 열심히 살았다. 좀 더 나은 나의 삶을 향한 끝없는 질주를 하며, 인생 2막 인생을 출발했다.

이젠 무작정 앞을 향해 돌진하는 무소의 이미지를 내려놓고, 균형 잡힌 인생으로 행복한 성공자의 길을 가련다. 한쪽으로 치우침의 부작용인 여러 가지 요소들을 제거하는 일이 인생 2막을 떠나는 필자에게 기본적인 필수과제로 여긴다.

건강을 위한 지혜로운 생활 '일'이 필요하다

평균 연령 90세 시대가 사실상 도래 한 가운데 50대 은퇴자의 경우, 나머지 40년 인생을 어떻게 꾸려나가야 할지는 매우 중요하고 현실적인 문제이다.

일을 하는 사람이 그렇지 않은 사람보다 젊게 산다는 것은 누구나 수긍할 것이다. 도시에 사는 할머니보다 시골에서 농사짓고 사는 할머니가 더 건강하다. 농사일이 고된 작업이긴 하지만 자신의 육체적인 활동이 도시생활보다 활발하기 때문에 가능한 것이다. 맑은 공기와 자연친화적 삶이 건강한 삶으로 살기에 적합한 것이다.

필자는 일은 수입의 많고 적고를 떠나 생을 다 할 때 까지 해야 한다고 생각한다.

고령자의 장수 비경은 꾸준히 일을 하는 규칙적인 생활에 비결이 있음을 알 수 있다. 직업이 아니더라도 봉사나, 취미활동과 자아실현의 무엇인가를 해야 한다.

성공한 인생은 사람과의 관계십이 가장 중요하다

"사람이 답이다."라는 광고 카피를 보더라도 '사람이 중심'이 되는 사회는 진정한 행복을 누리기 위한 실질적인 가이드라인을 담고 있다. 중년세대가 은퇴 후 당당하고 활기찬 인생 후반전을 열어나가는 핵심 축은 인간관계로 두어야 한다. 은퇴 후 한적한 삶을 꿈꾸는 이들도 많지만, 사실 나이 들면 들수록 더욱 사람이 필요하다.

과학 문명의 발달로 인간의 수명이 늘어나면서 퇴직 이후 삶에 대한 문제는 사회적인 측면에서 화두로 떠오르고 있다. 유산이 많지 않은 이상 퇴직 후에는 누구나 창업을 고민한다. 그런 의도에서 물론, 개인도 퇴직 이후 삶을 준비해야 하지만 거시적으로 봤을 때 정부에서도 고령사회에 대한 대책 마련이 필요하지 않을까 하는 생각이 든다. 아무래도 50대에 퇴출되는 것은 너무 이르다.

인생 2막 안정감 있는 노후에 필요한 것들을 생각하면서 현실적인 접근이 필요함을 느꼈다.

안정된 노후 준비로 균형 잡힌 인생 2막을 살자

첫 번째, 국민연금.

노후에 필요한 것 하면 누구나 국민연금을 떠올릴 것이다. 나라에서 시행하는 국민연금을 믿고 성실하게 납부하는 것이 일단 우리가 해야 할 가장 큰 노후준비이다. 국민연금부터 체크하자.

두 번째, 재무 컨설팅 상담사와 자신에 맞는 투자, 재테크하기.

재무 컨설팅 상담사와 자신에 맞는 투자, 재테크 하는 일은 지혜로운 노후 준비다. 노후에 많은 일을 하기 어렵기 때문에, 미리 돈을 모아 놓거나 돈이 자동으로 돌고 돌아 수익이 나도록 하는 것이 중요하다. 그렇기에 모아서 불리는 방법도 있지만 자신만의 수익이 발생되는 방법을 생각해야 한다.

세 번째, 수익이 지속적으로 발생되는 파이프라인을 구축해야 한다.

파이프라인Pipeline은 송유관을 뜻하기도 하지만, 일반적으로 재테크족들에게 파이프라인은 '수입원'을 뜻한다. 예금, 적금에서 나오는 이자 혹은 주식, 채권 등을 통해 얻는 다양한 수익 그리고 부동산 매매나 월세 등이 파이프라인이 된다.

네 번째, 자원봉사, 여가 생활을 가져서 자신만의 노후 안정감을 찾자.

나이가 들수록 여유를 찾아야 한다. 여가 시간에 일이나 공부를 하지 않았다고 해서 시간을 낭비했다고 할 수 없다. 오히려 잘 활용한 여가 시간은 생활의 활력소가 된다. 여가활용을 통해 자신의 소질을 개발할 수 있다.

균형 잡힌 삶은 성공으로 가는 행복한 놀이터다

필자는 상가투자로 인한 임대 사업으로 지속적인 수익 발생을 기대하고 있다. 여력이 되는대로 임대사업은 확장시킬 것이다. 또한, 요즘 몇 개의 파이프라인 구축을 위해 새롭게 준비 중인 일들이 있다. 그 밖에 취미처럼 즐겁게 오랫동안 할 수 있는 일이 이미 진행되고 있다. 당신의 균형 잡힌 인생 2막의 성공을 위해 체크하라.

명품 인생을 만드는 삶

"선한 말은 꿀 송이 같아서 마음에 달고
뼈에 양약이 되느니라."

– 구약성서의 잠언 16장 24절이다.

명품 인생은 긍정적인 말로 변화와 창조를 가져온다

우리의 삶을 명품 인생으로 만드는 가장 기본적인 요소를 '말'이라고 생각한다. 주변을 돌아보라 언어 습관이 좋은 사람이 어느 조직이든 리더가 되고 존중을 받는다. 욕을 잘하는 것도 친밀감 형성에 유익하다고 말하는 이가 있다. 그러나 욕은 욕이다. 자신의 인품을 고상하게 만들고자 한다면 언어생활을 돌아보자.

사람의 몸은 60%가 물로 구성되어 있다. 그러므로 우리가 서로 말을 할 때 주의해야 한다. 여러분의 몸속에 있는 물들이 좋은 말을 듣지 않으면 세포가 이지러지고 몸에 병이 든다. 말을 잘하고 서로 긍정적이 되면 병도 낫는다. 몸에 있는 물이 치료가 되고 좋게 배열이 되기 때문이다.

필자는 방송 콘텐츠 중 말에 위력이라는 주제로 직접 양파와 감자 실험을 했다. 동일한 조건에서 한쪽에는 '멋져', '최고야'라는 긍정적인 말과 글을, 다른 한쪽에는 '바보', '멍청이'라는 부정적인 말과 글을 준 상태로 4주 동안 양파와 감자의 상태를 관찰하였다. 실험 전에 상태가 좋지 않았던 양파가 긍정적인 영향을 받은 후 희고 굵은 뿌리를 내린 것을 확인할 수 있었고. 부정적인 양파와 감자는 뿌리가 죽은 것을 확인할 수 있었다. 이처럼 우리말이 그 배후에 변화시키는 힘을 가지고 있다는 것이다. 이 실험 영상은 YouTube '한국공인중개사방송국'에 그대로 증거로 남아 있다. 우리는 여태까지 말을 하고 지나가면 그뿐이라고 생각했는데 여러분 입에서 나오는 말이 사람을 살리기도 하고 죽이기도 하는 우리의 삶에 굉장한 영향력을 끼친다는 것이다. 말로써 치료와 건강을 받고, 말로써 환경에 평안과 번영을 가져 오는 것이다.

긍정적 단어를 사용하는 일이 이제는 널리 퍼지고 있다. 안내 문구에도 부정적인 단어를 쓰지 않고 긍정적인 단어를 많이 쓴다. 예를 들어 말하면, 어느 식당에서는 '흡연 금지'라는 말 대신에 '100세 이상 흡연 가능' 사람들이 긍정적인 말을 쓴다. 사람들이 부정적인 말보다 긍정적인 말을 더 따르기 때문이다.

오늘은 겨우내 들을 수 없었던 반가운 참새 소리를 들었다. 봄의 전령사를 만나고나니 이제 추위는 물러가겠구나 싶었다. 아직 영하11도의 날씨지만 자연은 이미 알고 있는 듯 질서 있게 움직이는 것이다. 참새들의 지저귀는 소리를 어떤 사람은 새가 "운다"고 하고 어떤 사람은 새가 "노래한다"고 말한다. 어떤 방향에 귀기울이냐에 따라 바라보는 마음과 말은 전혀 다른 결과를 가져온다. 바라보는 것은 마음을 품는 것이다. 이처럼 말에도 향기를 더하면 상대의 단점도 장점으로 바꿀 수 있다.

진정한 성공자의 비밀이 있다면 그것은 다른 사람의 입장을 이해하고 내면 깊은 곳에서 우러나오는 아름다운 말의 향기를 발하는 사람일 것이다. 아주 조금만 나를 뒤로 하면 사랑이 보이고, 나를 낮추어 향기 나는 말을 하면 행복한 세상이 보일 것이다.

최근 엘리베이터에 "먼저 인사하기"라는 표어를 붙여놓은 것을 보았다. 이웃 간에 친밀감과 상호 존중하는 마음으로 화목한 환경을 만들려는 선한 취지의 운동이다.

따뜻한 분위기를 조성하여 살기 좋은 아파트를 만들면 그 안에 사는 주민들이 좋은 영향을 받게 된다.

"사랑하는 사람을 볼 땐 눈으로 보지 말고 마음으로 보라"는 말이 있다. 상대방을 알아주고 마음을 보듬어 줄 수 있을 때 그 말은 향기가 되어 마음을 녹여 줄 수 있다고 본다.

"침묵이 금이라면 아름다운 말의 향기는 다이아몬드다." 이처럼 말이란 소리 소문도 없이 확장되고 널리 퍼져 천 리 먼 길에 있는 사람들에게까지 전해질 만큼 그 위력이 대단하다.

요즘은 미디어 매개체로 공유하는 시대지만 예전에는 사람의 입에서 입으로 전해져야 알 수 있는 것이 말이었다.

자신의 사적인 일들을 많은 이들과 공유하고 싶지 않은 사람들은 요즘 유행하는 카카오스토리나, 페이스북, 인스타그램 등을 활용하지 않는다. 이런 유형의 사람들은 워낙 신중하기 때문에 자신의 사적인 생활은 물론 다른 사람들의 사적인 일들도 신뢰하지 않는다. 페이스 북이나 인스타그램 등 미디어 매개체에 중독된 사람들은 자신의 일보다는 다른 사람들의 일에 관심이 많다. 그 관심들이 긍정적인 관심이 되면 좋으련만 대부분 부정적인 심리가 더 많이 작용한다. 결국 부푼 말의 씨앗도 이들을 통해 전파되는 것이다.

서로를 있는 그대로 진실 된 눈으로만 바라본다면 이러한 흉측한 일들은 우리 사회에서 사라질 수가 있다. 그러나 모두가 한마음이 될 수 없으니 서로 주의하는 것밖엔 도리가 없다. 나부터 말을 조심해야 하겠다. 나의 성급한 말 한마디가 누군가에게 씻을 수 없는 치명적인 상처가 될 수도 있다. 무슨 말을 하든 신중하게 한 템포만 미루어 생각해보고 말을 하는 습관을 갖도록 노력해보자. 내 마음과 같이 다른 사람의 마음도 헤아리면서 서로를 존중하는 마음, 그것 만이 해결책이다.

식물을 통해서 확인해 본 바와 같이 살아 있는 모든 생명체는 외부로부터 영향을 받게 된다. 자연의 변화 환경의 지배를 피할 수 없더라도 우리는 서로에게 긍정의 영향을 끼치며 살아야 한다. 나이가 들어감에 따라 우리의 말에는 품위와 인격이 묻어나오게 된다. 말을 잘하자! 애써 노력하고 스스로를 제어하려는 의식적인 습관을 통해 긍정의 열매를 기대하리라 생각한다. 명품 인생은 세 치 혀에 달려 있다. 오늘 심은 긍정의 씨앗 한 알이 훗날 무성한 기쁨과 성공으로 돌아올 것임을 의심하지 말도록 하자.

레오나르도 다빈치는 "당신의 최고 걸작은 무엇입니까?"라는 질문에 "나"라고 대답했다. 당신의 최고의 걸작은 무엇인가?

이재희

이재희는 신학교 졸업 후 다년간 교회에서 사역을 했다. 건강상 이유로 사임 후 은퇴시기의 삶에 대해 고민하게 되었다. 지인의 권유로 공인중개사 자격증을 취득하고 부동산 사무실을 운영하던 중 우연한 기회에 팟 캐스트를 접하게 되면서 아프리카TV 아나운서의 길로 들어섰다. 부동산업에 종사하는 전문가들과 인터넷 방송국 법인을 설립하면서 지금은 아나운서와 피디뿐 아니라 방송 전반에서 맹활약 중이다.

방송국 운영 관리에 관심이 깊어지면서 경영에 대한 전문 지식의 필요성을 느끼게 되었고, 급기야 만학의 나이로 한양대학교 사회교육원에서 젊은이들과 함께 경영학을 전공하고 있다. 또한 스피치, 강사, 퍼스널 마케팅, 독서 및 책쓰기 등 방송 콘텐츠 개발에도 열정을 쏟고 있다.

1인 미디어 시대인 만큼 1인 크리에이터의 길로 들어서면서 YouTube 채널 '이재희의 청바지TV'를 운영중이다. '청춘은 바로 지금부터'라는 카피의 의미를 벤치마킹한 청바지TV는 인생 2막의 길에 들어서는 분들에게 힘이 되고 싶은 마음에서 시작되었다. 인생 2막의 다정한 벗이 되고 싶은 마음에서 집필한 이 책 역시 당신을 행복한 인생 2막의 길로 안내하는 소중한 지침서가 되리라 믿는다.

㈜한국공인중개사방송국 설립이사
㈜한국공인중개사방송국 RBCTV 아나운서
한국부동산산업경제신문 편집국장
YouTube 1인 크리에이터
'스마트폰 강사들이 꼭 알아야 할 스마트폰 활용비법' 공저
스마트폰 활용지도사 1급 강사

2막 지침서

초판인쇄 2018년 11월 1일
초판발행 2018년 11월 1일

지은이 이재희
펴낸이 채종준
펴낸곳 한국학술정보㈜
주소 경기도 파주시 회동길 230(문발동)
전화 031) 908-3181(대표)
팩스 031) 908-3189
홈페이지 http://ebook.kstudy.com
전자우편 출판사업부 publish@kstudy.com
등록 제일산-115호(2000. 6. 19)

ISBN 978-89-268-8591-8 13330